PE. JERÔNIMO GASQUES

SANTA
EDWIGES

A coroa dos pobres e protetora dos endividados

Com orações, novena e ladainha

DIREÇÃO EDITORIAL:
Pe. Fábio Evaristo R. Silva, C.Ss.R.

COPIDESQUE:
Luana Galvão

CONSELHO EDITORIAL:
Cláudio Anselmo Santos Silva, C.Ss.R.
Ferdinando Mancilio, C.Ss.R.
Gilberto Paiva, C.Ss.R.
José Uilson Inácio Soares Júnior, C.Ss.R.
Marcelo da Rosa Magalhães, C.Ss.R.
Victor Hugo Lapenta, C.Ss.R.

REVISÃO:
Sofia Machado

DIAGRAMAÇÃO E CAPA:
Bruno Olivoto

COORDENAÇÃO EDITORIAL:
Ana Lúcia de Castro Leite

Dados Internacionais de Catalogação na Publicação (CIP) de acordo com ISBD

G249s	Gasques, Jerônimo
	Santa Edwiges: a coroa dos pobres e protetora dos endividados / Jerônimo Gasques. - Aparecida, SP : Editora Santuário, 2021.
	152 p. ; 14cm x 21cm.
	ISBN: 978-65-5527-057-0
	1. Religião. 2. Cristianismo. 3. Santa Edwiges. I. Título.
2020-2814	CDD 240
	CDU 24

Elaborado por Vagner Rodolfo da Silva - CRB-8/9410

Índice para catálogo sistemático:
1. Religião : Cristianismo 240
2. Religião : Cristianismo 24

1ª impressão

Todos os direitos reservados à EDITORA SANTUÁRIO – 2021

Rua Pe. Claro Monteiro, 342 – 12570-000 – Aparecida-SP
Tel.: 12 3104-2000 – Televendas: 0800 0 16 00 04
www.editorasantuario.com.br
vendas@editorasantuario.com.br

– Edwiges da Silésia ou Edwiges de Andechs é uma santa da Igreja Católica. Na Polônia, é conhecida como Jadwiga Śląska. Depois da morte do marido e dos filhos, passou a residir no mosteiro onde sua filha era abadessa e dedicou-se a ajudar os carentes. Santa Edwiges aprendeu, na vida, que o dinheiro convém para servir aqueles que são desfavorecidos pelos reveses da vida. Ela fez isso sem olhar para quem. Santa Edwiges pede a seus devotos mais amor a Jesus na Eucaristia e auxílio aos necessitados.

– "Não tenha medo da santidade" (Papa Francisco em sua Exortação Apostólica *Gaudete et Exsultate* 32). "A santidade não torna você menos humano, porque é o encontro de sua fragilidade com a força da graça" (n. 34).

INTRODUÇÃO

Vamos trazer, à tona, a lembrança de uma santa da Idade Média: Santa Edwiges. Ela é muito querida, aqui no Brasil e em todas as partes do continente católico. Seus santuários, suas paróquias e capelas se espalham pelo mundo afora. É uma Santa que não se tem muito a escrever, mas muito a refletir, pensar, vivenciar e meditar. Dia 16 de cada mês, é lembrada sua festa de falecimento. Para seus espaços devocionais (templos) seus devotos acorreram, aos milhares, para uma prece, uma missa, uma promessa, um agradecimento, um pedido etc. Alguns vão, apenas, para contemplar sua beleza de cristã comprometida com os mais empobrecidos. Outros já perderam a esperança e, ali, estão para que, no silêncio, possam contemplar aquela que ainda lhes poderá estender a mão. Ficam, ali diante de sua imagem, hirtos a contemplar, no silêncio, seus problemas e lhes apresentar suas misérias espirituais e/ou materiais.

Quantas pessoas estão cansadas de bater à porta de oportunidades e nada encontrar. Elas vão a seu templo para fazerem um pequeno desabafo, uma prece de reconciliação ou, ao menos, um pedido de olhar misericordioso. Assim procedem seus devotos. Alguns já se encontram no limite de seu sofrimento. Ficou um último recurso: recorrer a Santa.

Não é somente no ambiente religioso que ela se torna padroeira, em muitas lojas do comércio, instituições, escolas e etc., é adotado seu nome como padroeira. Com isso, vamos tirando nossas conclusões pastorais e religiosas. É uma busca por proteção; é um grito por socorro. Antes de tudo, devemos entender que ela é uma Santa, alguém que, na vida, fez todos os esforços para viver a vocação de seu batismo. A santidade (*a canonização*) é uma consequência daquilo que ela viveu em sua vida. Não é apenas um dom ou um privilégio divino. Tudo concorre como decorrência do esforço humano, auxiliado pela graça de Deus. Deus dá os dons e talentos, e a nós cabe multiplicá-los e gerar mais dividendos para o Reino.

O santo é, seguramente, todo aquele que é batizado. Cada cristão, a seu modo, exerce uma função, uma vocação na caminhada da vida cristã. Mas existe aquele que é reconhecido pela Igreja ao qual damos o nome de canonizado. A Igreja, com esse reconhecimento, presta um culto especial. Assim temos inúmeros santos conhecidos e desconhecidos pela população.

A canonização é um reconhecimento da Igreja a respeito da vida de santidade de uma pessoa cristã. Certamente, é mais uma sabedoria da Igreja para que tenhamos a certeza de que aquela pessoa viveu santamente, afinal, pelo batismo, somos todos informados em Cristo.

Como lembra o papa Francisco, temos inúmeros santos "ao pé da porta" para fora (GE, 6-9). Assim reflete: "Gosto de ver a santidade no povo paciente de Deus: nos pais que criam seus filhos com tanto amor, nos homens e nas mulheres que trabalham, a fim de trazer o pão para casa, nos doentes, nas consagradas idosas que continuam a sorrir. Nessa constância de continuar a caminhar dia após dia, vejo a santidade da Igreja militante. Esta é, muitas vezes, a santidade 'ao pé da porta', daqueles que vivem perto de nós e é um reflexo da presença de Deus, ou – por outras palavras – da 'classe média da santidade'" (n. 7 e cf. *nota* 1). Temos muito pouco a dizer, mas muito a considerar sobre sua existência na construção do Reino de Deus. Sua vida – Santa Edwiges – foi construída sobre a rocha do cuidado: do marido, dos estranhos e filhos. Teve uma vida de glamour, mas não se aproveitou disso para se tornar importante aos olhos de Deus e das pessoas.

Soube ser pequena, embora possuísse muito dinheiro, muita fortuna e bem-querer diante da sociedade de seu tempo. Não foi mártir da fortuna. Não se aproveitou daquilo que tinha para se impor na sociedade. Foi humilde e obediente ao plano de Deus. Foi tudo que, jamais, se poderia esperar de uma duquesa.

Edwiges é uma Santa, entendida como devotada aos pobres e àqueles endividados. Como é bom e suave encontrar alguém que nos envolva no momento de esquecimento e arrepios pela vida. O acudir dos santos é um alívio àqueles que carecem de uma orientação.

As questões sobre as dívidas nos desnorteiam e nos tiram o sossego do cotidiano.

A santidade é o rosto mais belo da Igreja. Mas, mesmo fora da Igreja Católica e em áreas muito diferentes, o Espírito suscita "sinais de sua presença, que ajudam os próprios discípulos de Cristo". Por outro lado, São João Paulo II lembrou-nos que o "testemunho, dado por Cristo até o derramamento do sangue, tornou-se patrimônio comum de católicos, ortodoxos, anglicanos e protestantes" (*Papa Francisco*).

Nesse momento, nada melhor que encontrar um amigo espiritual com quem possamos nos desabafar e falar de nossas mazelas. Mais que a dívida material vem a necessidade de se resolver a dívida espiritual ou mental, que nos atrapalha bastante; ficamos confusos; perdemos a calma, e o prumo não funciona; ele pende para o lado negativo e começamos a ver tudo embaralhado. Vem o desespero!

Esse é um aspecto que podemos encontrar em sua vida. Aqui, neste livro, vamos descrever esses merecimentos e recolocar sua história para que seu devoto possa ter um panorama geral de sua história e caminhada de santidade.

Respondendo a uma pergunta: como se faz o caminho da santidade?, o papa Francisco nos brindou com uma Exortação Apostólica[1]. Ele lembra: "O Senhor pede tudo e, em troca, oferece a vida verdadeira, a felicidade para a qual fomos criados. Quer-nos santos

---

[1] Papa Francisco, Exortação Apostólica, *Gaudete et Exsultate* – sobre o chamado à santidade no mundo atual, Edições Loyola, 2018. A Exortação Apostólica, "Gaudete et Exultate", sobre o "chamado à santidade no mundo contemporâneo" é um documento de cinco capítulos e 177 parágrafos, que nos convida a ser santos hoje. O Papa explica que a santidade não é uma chamada para poucos, mas um caminho para todos.

e espera que não nos resignemos com uma vida medíocre, superficial e indecisa. Com efeito, a chamada à santidade está patente, de várias maneiras, desde as primeiras páginas da Bíblia; a Abraão o Senhor propô-la nestes termos: 'anda em minha presença e sê perfeito'" (Gn 17,1) [n. 1].

Invoquemos a presença de Santa Edwiges, a coroa dos pobres, para que, neste mundo de tanta carência, sejamos socorridos por sua proteção. Demos, também, graças a Deus pelo dom de sua vida, pela virtude e pelo bem que fizera a seu povo.

Ela é uma raridade na preciosidade dos filhos de Deus; foi um presente do céu para um momento turbulento da história da Polônia. Lida com uma dificuldade presente nesse iniciar do milênio, terceiro da era cristã: encontrar um endividado não é uma raridade.

Edwiges é uma escola de sabedoria cristã. Trouxe um modo de vida centrado nas obras de misericórdia e colocou a caridade acima de tudo, como nos lembra Paulo em Coríntios (1Cor 13,1-13).

A caridade nos ajuda a sermos benignos uns com os outros, a vencermos a inveja, a vaidade e a não sermos tomados pelo veneno do orgulho. "Se eu falasse todas as línguas, as dos homens e as dos anjos, mas não tivesse caridade, eu seria como um bronze que soa ou um címbalo que retine" (1Cor 13,1).

Podemos cantar bem, pregar bem, falar bem, ser cheios de reconhecimento por aquilo que sabemos fazer. Podemos ter muitos tesouros, muitas aspirações, mas, se não tivermos o dom essencial, que é o amor dentro de nós, nada seremos!

Que Santa Edwiges nos ensine esta lição: amar sempre e em todos os momentos! A caridade é a única coisa que vai nos restar no fim de tudo; no entardecer da vida, no momento único de nosso encontro eterno com Deus, só a caridade vai nos salvar! A caridade como dom e amor supremo, que vem do coração de Deus, ajuda-nos a sermos pacientes, a suportarmos as dificuldades e as tribulações.

Edwiges foi a expressão daquilo que Santa Catarina escreveu: "Ó caridade, dilatas o coração no amor de Deus e na direção de teu próximo... Benévola és, pacífica, não geniosa; as coisas justas e santas buscas, não as injustas; e como as buscas, assim as conservas em ti, pois em teu peito reluz a pérola da justiça...".

No dizer de Santo Agostinho: "Ó caridade, tua regra, tua força, tuas flores, teus frutos, tua beleza, teu atrativo, teu alimento, tua bebida, tua comida, teu abraço não conhecem fartura! Se nos enches de delícias, enquanto somos ainda peregrinos, qual será nossa alegria na pátria?"

1. SUA VIDA E TERRA NATAL: SILÉSIA

Edwiges nasceu na Alemanha (obs.: às vezes, seu nome é grafado com "w" ou com "v". Nós vamos optar por "w".). Era o ano de 1174. Não sabemos se era de manhã, de madrugada ou em qual dia e mês do ano (temos alguns dados, apenas). A cidade era Andechs, Baviera, Sacro Império Romano-Germânico. Deus estava fazendo nascer mais uma estrela de grande brilho! Filha de Bertoldo IV, duque de Meranea, e de sua esposa, Inês de Rochlitz, foi criada em ambiente de requinte e de muito luxo e muita riqueza. Era a filha sonhada por seus pais. Era uma princesa no dizer comum de seus contemporâneos. Era o fruto do sonho de seus pais. Almejavam-lhe um futuro cheio de encantos, luxo e vida sorvida pelas riquezas e pelos prazeres da corte. Com certeza, seus pais alimentavam grandes aspirações para sua filha. Uma duquesa! Diogo do Rosário narra a "Flos Sanctorum" (história da vida de alguns santos, 1647) que "Santa Edwiges, por um efeito singular da divina graça, foi, desde o berço, formada na virtude, com o exemplo e as lições de sua devota mãe, com quem sempre andou. Em sua infância, não mostrou sinal de leviandade e todas as suas inclinações foram sempre propensas para a devoção e a piedade".

Por volta dos oito anos de idade, seus pais a colocaram no mosteiro de Lutzingen, na Franconia, e só a retiram aos doze anos para, posteriormente, contrair matrimônio com Henrique, duque da Silésia. A vida reservou-lhe aquilo que era comum a todas as meninas de seu tempo. Hoje, acharíamos absurdo! Não havia escolha pessoal. Parece que tudo estava determinado. Seus pais já a haviam prometido em casamento. Aos 14 anos de idade, casou-se com Henrique I, o barbudo, príncipe da Silésia, um dos principados da Polônia medieval, desempenhando seu estado de matrimônio com a mais singela perfeição e continência matrimonial. Ela era aquela esposa descrita pelo Cântico dos Cânticos que "se deve buscar por toda a redondeza da terra" (Ct 2).

Um mistério, no entanto, rondava-a de forma constante: desejar viver a consagração total à divina providência. Desde pequena fizera voto de castidade. Quão sofrimento espiritual estava passando ao longo dos anos a que se aproximava seu matrimônio.

Esse mistério e " voto" pessoal a incomodava sobremodo. Viver em castidade e ser pobre eram duas virtudes difíceis de se cumprirem. O desejo dos pais era o do casamento, e sua condição social era, totalmente, voltada à grã-fina corte da Baviera.

Toda a sua vida foi para agradar a Deus e edificar sua família à qual dirigia com todos os cuidados, fazendo todas as obrigações. Era uma esposa dedicada e cuidadora da família e dos empregados; uma dona de casa que conquistou a todos que estavam a suas ordens. Teve três filhos – Henrique, Conrado e Boleslau – e três filhas – Ignez, Sophia e Gertrudes. Depois do último filho, persuadiu o esposo ao voto de continência que fizeram com o consentimento do bispo do lugar.

Como anotamos, desse casamento, nasceram seis filhos. Duas filhas morreram precocemente. Outros filhos faleceram em lutas e batalhas ao longo dos anos; e uma de suas filhas, Gertrudes, foi ser religiosa e se tornou superiora do convento monastério de Trebnitz, onde, mais tarde, acolhera a própria mãe!

Certamente, uma mãe angustiada e repleta de saudades de seus filhos. Narra a história que, diante da dor pelo desaparecimento dos filhos, não derramou nenhuma lágrima, pois sabia da boa educação que dera a seus filhos. Eram os primeiros assovios de sua santidade. O sofrimento estava macerando sua alma materna. O sofrimento é o laboratório da santidade.

Edwiges foi uma mãe de coração cortado e transpassado pela dor e pela consternação e uma mulher irrequieta e cheia de merecimentos diante da virtude de humildade. Não sabia chorar pelo sofrimento pessoal; chorava pela dor alheia e carregava o fardo pesado de seus semelhantes, pois sabia e entendia da dor humana e vivia com santidade as suas próprias.

Esse atributo de sucesso, de riqueza não lhe impediu de ser simples e viver de forma humilde e caritativa. A riqueza não foi impedimento para viver o projeto de Deus. Começou, desde cedo, a conviver com um ideal estranho a sua condição social: o amor ao próximo e a Deus de forma plena e total. Havia um desejo de consagração. Seu coração estava repleto de ansiedade e caminhava por outras alamedas que não eram as de seus pais.

Seu lar se tornou uma grande casa de oração, pois ela cuidou da formação religiosa dos filhos e do marido. Não deixava de participar da Santa Missa, diariamente, e encomendava celebrações distantes para poder estar com a Eucaristia todos os dias. Convidava muitas pessoas, que formavam procissões para irem assistir à Santa Missa nos lugares distantes do condado.

Desde que chegou à Silésia, procurou conhecer a situação de todos os empregados e do povo que estava em sua província. Ela e o esposo se tornaram benfeitores interessados em resolver algumas dificuldades de seus comandados. Criaram leis que favoreciam os mais pobres.

Mulher de oração, vivia em profunda intimidade com Jesus Cristo. Submetia-se ao sacrifício com jejuns diários, limitando-se a comer alguns legumes secos nos domingos, nas terças, quintas-feiras e nos sábados. Nas quartas e sextas-feiras, somente pão e água. Isso sempre em quantidade limitada, somente para atender às necessidades do corpo.

Mulher de grandes virtudes, Edwiges dizia-se uma grande pecadora, mas considerava as religiosas como santas; assim as coisas que elas usavam eram, para a duquesa, relíquias. A água com a qual as religiosas lavavam os pés era usada por Edwiges para lavar os olhos e até toda a cabeça; por vezes, ela a ingeria com veneração. Os assentos e genuflexórios usados pelas religiosas eram reverentemente osculados, bem como as toalhas.

No tempo do Advento e da Quaresma, Edwiges se alimentava só para não cair sem sentidos. O esposo não aceitava aquela austeridade. Em uma quarta-feira de Quaresma, como havia somente água na mesa, ele esbravejou, porque só bebia vinho. Edwiges, então, ofereceu-lhe uma taça, cujo líquido se apresentou como vinho. Foi um dos muitos sinais ou milagres que ela realizou. Deus acudiu sua serva, na obediência, em não desagradar o esposo.

Assim caminhava a serva de Deus em busca da vivência da santidade. Com uma vida regrada e moderada pelo alimento, caiu vítima de uma grave enfermidade. Foi preciso que Guilherme, bispo de Modena, representante do Papa para aquelas regiões, exigisse com uma severa ordem a interrupção de seu jejum. A santa dizia que isso era mais mortificante do que sua própria doença. Com obediência, aceitou as ordens de seu bispo.

Dedicou toda a sua vida na construção do Reino de Deus. Exerceu fortes influências nas decisões políticas tomadas pelo marido, interferindo na elaboração de leis mais justas para o povo. Não era, apenas, uma santa dos cuidados materiais, mas tinha uma atenção jurídica em favor dos mais pobres.

Com o marido construiu igrejas, mosteiros, hospitais, conventos e escolas. Por isso, em algumas representações, a santa aparece com uma Igreja entre as mãos.

Depois do falecimento de seus filhos, não viu mais sentido ficar no palácio onde vivera feliz por tantos anos. Foi dar continuidade a seu projeto fundamental de vida, pois podia, livremente, viver o que sempre sonhou. O sonho de Deus nunca termina. Ele é como brasa encoberta pelas cinzas. Um novo sopro faz acender toda a fogueira do amor.

Aos 32 anos, depois de 18 anos de casamento, fez votos de castidade, o que foi respeitado pelo marido.

Quando ficou viúva, vestiu o hábito de freira e foi morar no mosteiro de Trzebnica, na Polônia, onde sua filha, Gertrudes, era superiora. Viveu em obediência a sua filha. Nesse lugar, Edwiges deu largos passos rumo à santidade. Vivia com o mínimo de sua renda, para dispor o restante em socorro dos necessitados. Tinha um carinho especial pelas mulheres e crianças abandonadas. Encaminhava as viúvas para os conventos, onde estariam abrigadas em casos de guerra, e as crianças, para escolas, onde aprendiam um ofício.

Era misericordiosa e socorria também os endividados. Em certa ocasião, quando visitava um presídio, ela descobriu que muitos ali se encontravam porque não tinham como pagar suas dívidas. Desde então, Edwiges saldava as dívidas de muitos e devolvia-lhes a liberdade. Procurava também para eles um emprego. Com isso, recomeçavam a vida com dignidade, evitando a destruição das famílias em uma época tão difícil, como era aquela do século XIII, e mantendo-as unidas.

Assim, Santa Edwiges é considerada a padroeira dos pobres e endividados e protetora das famílias. Sempre teve em mente as carências de seu povo. Soube unir riqueza e fragilidade humana. Deu do que tinha para sanar as mazelas de uma porção de seu povo, por isso ficou conhecida, em vida, como a santa dos pobres!

Ela morreu no dia 15 de outubro de 1243, com 69 anos, em Trzebnica, Silésia, Polônia. Foi canonizada no dia 26 de março de 1267, pelo papa Clemente IV. Como no dia 15 de outubro celebra-se Teresa de Ávila, a comemoração de Santa Edwiges passou para o dia 16 de outubro. É a padroeira da Alemanha e patrona dos endividados, que sofrem por não terem dinheiro para pagar suas contas. É um suspiro nos afogamentos da vida, estreitados pelas carências humanas e econômicas. É a coroa dos desprovidos; um socorro certo! Sofreu com as almas penadas de seu tempo. Foi uma mão sempre estendida, diante de olhos pedintes, tristes, e aborrecida com a vida de sofrimento; uma Santa Mãe dos sofredores! Foi modelo de esposa, celibatária e viúva. Edwiges, que não faltava à missa aos domingos, pede a seus devotos: mais amor a Jesus na Eucaristia e mais auxílio aos necessitados. Ela entendeu que os pobres são o coração de Deus sofredor. Nada mais desumano e triste do que não ter o pão de cada dia. Assim como Edwiges, o papa Francisco convida a todos os cristãos: " ser instrumentos de Deus ao serviço da libertação e promoção dos pobres, para que possam integrar-se plenamente na sociedade; isso supõe que sejamos dóceis e atentos, para ouvir o clamor do pobre e socorrê-lo" (Exortação Apostólica *Evangelii Gaudium*, 187).

a) No mosteiro de Kitzingen

Como anotamos, seus pais a "internaram" no Mosteiro de Kitzingen, Alemanha, para estudar, segundo consta, por volta dos sete anos de idade. Uma criança, com certeza! Coisa rara para uma mulher, naquela época. Ali, adquiriu várias habilidades intelectuais que a fizeram próspera como educadora.

Segundo o site *Wikipédia* "O convento de Kitzingen foi fundado no tempo de Bonifácio de Mogúncia, por volta do ano de 750, e ficou conhecido como educandário para moças. Sua fundadora foi Santa Hadeloga (abadessa em 745, cujo nome é grafado de várias formas: Santa Adeloga, Adeluga ou Hadeloga, Princesa Franca, Monja Beneditina), cujo culto foi, particularmente, intenso no século XII, quando foi escrita sua biografia". Ainda de acordo com o site: "A forma definitiva da Abadia de Kitzingen foi dada por sua sucessora, a priora Santa Tecla, falecida por volta do ano de 790. O programa de estudos e educação nas escolas conventuais, feito, especialmente, para moças, foi baseado nas instruções pedagógicas de Jerônimo de Estridão e aplicado nas escolas das ordens religiosas por vários séculos. Esse famoso doutor da igreja, grande erudito na Bíblia e fundador de comunidades monásticas femininas, não deixou um sistema completo de formação para a vida religiosa, mas sim orientações pedagógicas". A respeito do estudo da Sagrada Escritura, lemos na biografia de Santa Edwiges: "Em sua mocidade, ela estudou no Mosteiro de Kitzingen a Sagrada Escritura. Dessa forma, conseguia compreender e ordenar seus afazeres de cada dia. A Bíblia foi para ela fonte de consolação interior e de devoção".

Edwiges permaneceu nesse convento por quase sete anos. Nesse tempo, esteve em contato direto com o estilo beneditino de vida, inspirado em São Bento de Nurcia e Santa Escolástica, irmã dele: vida comum, orações frequentes durante o dia, meditação, leitura diária da Bíblia, leitura durante as refeições e, sobretudo, uma liturgia solene, envolvendo a mente e o coração de todos.

É bom lembrar que, naquela época, o analfabetismo era a norma comum, sendo muito difícil encontrar uma mulher que soubesse ler, escrever e ter formação. Assim, Edwiges e outras poucas de seu tempo tiveram a felicidade de viver em um ambiente favorável à cultura e ao pensamento humanístico. O convento não era apenas um lugar solitário para a vida de oração, era também de um encontro com a cultura. Além de estudar e aprofundar-se nas devoções de sua época, Edwiges encontrou no mosteiro de Kitzingen vários conhecimentos práticos, tais como a arte de escrever com cuidado e aplicação as chamadas "iluminuras", desenhos de letras e decorações das mais diversas formas, geralmente, muito pequenas e delicadas, mas de grande beleza! Essas decorações eram feitas nos livros, escritos à mão, pois não havia sido inventada a escrita impressa ainda. Em geral, apenas os monges se dedicavam a esse tipo de escrita.

Pelo que se sabe, ainda, além das iluminuras, Edwiges aprendeu a execução de bordados artísticos e de vários instrumentos da época e também o canto vocal. Somado a isso, foi instruída a cuidar de uma casa, o que significava ser responsável por vários empregados; aprendeu a cuidar de doentes e administrar hortas e jardins, que davam os frutos para o consumo das pessoas e dos animais e eram fontes de remédios.

Para o mosteiro eram enviadas as filhas dos fidalgos para que aprendessem a se tornar donas de casa e a arte da cultura e de boas maneiras. Esse mosteiro era uma espécie de colégio interno para meninas de famílias nobres. Depois de um período, estavam aptas a se tornarem donas de casa. Podiam voltar preparadas para assumirem as funções domésticas de uma dama grã-fina!

Edwiges alcançou uma excelente formação humana, cultural e religiosa no mosteiro de Kitzingen. Sua biografia oficial apresenta a avaliação de sua aproveitação com a expressão latina "bene literata", o que quer dizer que ela expressava ótimos conhecimentos culturais. Certamente, foi a base para todo o seu humanismo e interesse pelos mais pobres.

Assim foi até os 12 anos de idade, quando foi retirada do convento, para, mais tarde, casar-se com Henrique I, duque da Silésia e da Polônia. Na vida, colocou em prática essas habilidades e os penhores de seu talento. Merecidamente era uma mulher competente. O mosteiro a fez dona de uma sabedoria plena de bons costumes e de habilidades para o grau de uma duquesa. Com todos esses costumes, não deixou a sensibilidade feminina ao canto da vida. Tornou-se uma excelente esposa e dedicada mãe de seis filhos, sem esquecer, todavia, dos pobres! Uma mulher mais que completa: cheia de virtudes.

b) A virtude da temperança

Ela é a santa de grandes e de várias virtudes. A virtude define o caráter da pessoa; dá vigor a suas ações como cidadão e, especialmente, como cristão. Santo Agostinho (354-430) recorda que comida, bebida e sexo são realidades que alimentam a vida humana e possibilitam tanto a sobrevivência do indivíduo (comida e bebida) como a sobrevivência da espécie humana como um todo (sexo).

Podemos definir a temperança como significado de ter moderação, equilíbrio e parcimônia em suas atitudes. Do latim, "temperantia", significa "guardar o equilíbrio". Certamente, isso a santa tinha de forma plena e a "sobrar" ou a "perder de vista". A virtude, seja qual for, não tem tamanho nem medida. Ela é, apenas, por que é!

Temperança é uma das quatro virtudes cardeais na teologia da Igreja Católica: temperança, prudência, fortaleza e justiça. Virtudes cardeais quer dizer virtudes centrais, fundamentais, orientadoras da vida dos cristãos. São virtudes-eixos que fazem mover a vida humana. Vemos em Edwiges todas essas virtudes de forma plena e equilibrada. A virtude da temperança, em uma reflexão mais direta, seria a virtude que vise à moderação dos desejos, à capacidade de exercer o domínio sobre nossas vontades e nossos instintos e ao equilíbrio geral do ser humano. É uma virtude, infelizmente, em falta nos dias de hoje.

A temperança é essa moderação pela qual permanecemos senhores de nossos prazeres, em vez de escravos. É o desfrutar livre, e que, por isso, desfruta melhor ainda, pois desfruta também sua própria liberdade (*André Comte-Sponville*).

Tendo recebido a educação ministrada por religiosas, Edwiges era dotada de um grande autocontrole, que manifestou desde a infância e que a acompanhou na vida adulta. Procurou fazer, do lar, uma igreja doméstica, e seu esposo para isso muito colaborou, podendo ambos serem considerados um casal exemplar. Mas, infelizmente, o exemplo dos pais não frutificou nos filhos, que lhes deram motivos para amargos sofrimentos.

Prezava-a, entre as virtudes, a temperança, o que soube muito bem aplicar à castidade matrimonial, segundo os costumes da época. Após vinte anos de vida conjugal, Edwiges e seu marido compareceram perante o bispo para prometer continência até o fim de sua vida;

o que cumpriram com fidelidade, buscando forças na oração, no jejum e na abstinência (Henrique terminou sua vida trinta anos depois).

Nesse período, viviam mais no mosteiro que em seu palácio. Os dois viveram com moderação os apetites da carne de forma exemplar. Pareciam mais dois monges que um casal! Somente as pessoas tomadas pela graça podem viver assim. Afinal, dispensar desejos e viver um novo projeto de vida não é coisa fácil, pois exige muita temperança e a virtude da compaixão para com o outro. Compreender para amar e amar para servir.

Ainda, antes de enviuvar, Edwiges se havia transferido para o mosteiro de Trebnitz (fundado por seu marido), acompanhada de umas poucas senhoras que a serviam e de algumas amigas. Não escolheu para si cômodos luxuosos, optando por morar no fundo do mosteiro: quarto pobre, mobílias pobres; a rica duquesa fez-se pobre entre as pobres religiosas. Era em tudo obediente e serviçal nos trabalhos domésticos e agrícolas.

Enfim, o devoto de Santa Edwiges deve aprender a vigiar sobre seus gastos e suas economias para não se meter em dívidas. Muitas dívidas são ou foram contraídas devido à falta de equilíbrio nos gastos, quer pessoais ou familiares. Já vimos pessoas enfiadas em grandes dívidas por não terem presente a virtude da temperança, adquirindo aquilo que não lhe convinha no momento.

Seus devotos devem aprender dela a lição: ser comedido nas despesas e cuidar para não adquirir aquilo que não convém ou não é de grande e urgente necessidade. Muitas carências afetivas são substituídas pela compra desenfreada de coisas que, em geral, são de pouca importância.

No mundo cheio de facilidades, com cartões de crédito de todos os tipos, a pessoa, quando não tem equilíbrio financeiro, acaba se metendo em dívidas e, depois, não consegue dar conta de saldá-las. Na maioria das vezes, isso é causa de muito incômodo, dor, tristeza e desespero.

O devoto de Santa Edwiges vive se cuidando para a destemperança não lhe tomar de surpresa e não substituir suas carências afetivas em determinadas compras a esmo e para, depois, não sofrer as intempéries do tempo, das cobranças e dos desentendimentos na família, causadas pela falta de dinheiro.

O devoto se espelha em Santa Edwiges e observa seu modo de vida. Ser devoto não é, apenas, pedir coisas para seu santo de devoção; é observar seu modo de vida, seu exemplo de comportamento e vida cristã.

c) Outros valores: abstinência, castidade e modéstia

Quando observamos essas virtudes, em uma duquesa, só podemos esperar sua santidade. Não são valores esperados em pessoas que ocupam cargos e funções na sociedade e na política. Em geral, somos motivados por certo preconceito, imaginando que isso é coisa para pessoas de classes subalternas e inferiores. O santo é uma pessoa virtuosa acima de todo questionamento. Vamos observá-lo mais de perto.

A temperança se desdobra em outros valores, como, por exemplo, comedimento, sobriedade, prudência, reserva, e em outras virtudes subordinadas, como, abstinência, castidade e modéstia. Não são valores fáceis de praticar, pois exigem muita determinação, renúncia e coragem.

A *abstinência* prescreve a restrição a ser empregada na partilha de comida e bebida. A dieta de um anacoreta não serviria para um trabalhador rural. Ela é contra os vícios da gula e da embriaguez. Seu oposto ocorre quando a comida e a bebida são usadas de tal modo a prejudicar, ao invés de beneficiar, a saúde do corpo. Por isso gula e embriaguez sejam consideradas, intrinsecamente, erradas. Isso não significa que elas sejam sempre graves pecados. A gula é raramente tal; a embriaguez pode sê-lo quando é completa, ou seja, quando se destrói o uso da razão (*Igreja Militante*). Abster-se de algo é uma virtude. Não é um encontro fácil; é uma decisão que pesa na opção volitiva da pessoa. Hoje, fala-se muito em regime e, poucas vezes, em mortificação. Não se trata de mortificação nem de regime, mas sim de uma atitude de vida em favor do bem-estar pessoal e familiar.

Vivemos uma era de inquietação, confusão e ansiedade, quase de uma conclusão antecipada. Nesse cenário, a vida parece sem graça, nada aprazível, e, abster-se, seria uma espécie de morte de nossos desejos. A sociedade propõe coisas e mais coisas a todo instante. Por meio do marketing das propagandas, que está a nos condicionar e orientar nossos desejos, somos motivados, diariamente, ao consumo desenfreado.

A função da *castidade* é impor a norma da razão. Assim, ela vai decidir se deve ser completamente evitada; a obediência é a uma maior vocação ou, pelo menos, favorece-a, com referência aos fins de casamento. Não é fanatismo, muito menos, insensibilidade. É a realização do mandato da temperança em um determinado departamento, em que tal poder de estabilidade é agudamente necessário.

Santa Edwiges e seu esposo fizeram votos de castidade matrimonial. Muitos conflitos no matrimônio advêm de uma sexualidade desregrada e que não traz benefício ao casal. Como é difícil viver a castidade matrimonial! Apela-se para outros meios envolvendo questões de moral. Atualmente, muitos casais que participam de certos movimentos religiosos têm refletido e proposto a vida de castidade em seu casamento. É certo que esse assunto é cheio de tabus, e poucos se aventuram a dizer uma palavra sobre essa vivência.

Embora alguns namorados, noivos se atrevam a entrar na dinâmica do "corretamente certo", poucos conseguem resultados, pois as tentações são mais fortes. Determinados grupos criam normas de orientação aos casais de namorados: "Não deem lugar ao diabo (Ef 4,27). Não fiquem sozinhos em casa; não namorem no escuro. Não façam aquilo que despertará desejos mais íntimos ou sexuais. Só façam um com o outro aquilo que não teriam vergonha de fazer na frente dos outros"; e assim por diante.

Namoro santo ou com castidade supõem, também, viver em um ambiente de santidade. Veja a palavra de Paulo:

> Por isso deixai a mentira e falai a verdade cada um com seu próximo; porque somos membros uns dos outros. Irai-vos, e não pequeis; não se ponha o sol sobre vossa ira. Não deis lugar ao diabo. (...) não saia de vossa boca nenhuma palavra torpe, mas só a que for boa para promover a edificação, para que dê graça aos que a ouvem. E não entristeçais o Espírito Santo de Deus, no qual estais selados para o dia da redenção. Toda a amargura, e ira, e cólera, e gritaria, e blasfêmia e toda a malícia sejam tiradas dentre vós.

Antes sede uns para com os outros benignos, misericordiosos, perdoando-vos uns aos outros, como também Deus vos perdoou em Cristo (Ef 4,25-27.29-32).

Enfim, a passagem acima é, praticamente, um manual de como lidar com seu/sua namorado (a). Alguns se espelham nesse texto para um projeto de vida e preparação para o matrimônio.

A *modéstia*, sob o alcance da temperança, tem como missão a realização de um atrelamento razoável das paixões humanas menos violentas. Ela traz o serviço à humildade para colocar em ordem o interior de um homem. Essa virtude, presente na vida dessa serva de Deus, é a ação de moderar alguns comportamentos humanos, como a vaidade e a luxúria. De difícil praticidade, associa-se à simplicidade de gestos e de vida. Não faz espalhafato nem chama atenção sobre si. Edwiges preferiu morar no fundo do convento a ocupar uma cela ou um aposento de seu palácio!

O mundo conspira contra esse valor. Somos mais para o luxo e a vaidade que para a prática da modéstia. Ela está agonizando e dando seus últimos reparos na sociedade de consumo, em que tudo é oferecido como válido e necessário. Somos consumidores das propostas televisivas e das propagandas enganosas dos meios de comunicação social.

A pandemia do coronavírus (ano de 2020) desbancou, na maioria de nós, a necessidade de sermos comedidos, simples e sem o desejo desenfreado do possuir a todo custo. Alguns de nós percebemos que para viver não precisamos de muito. De um mês para o outro, fomos impedidos de inúmeras coisas que achávamos importantes. Precisamos nos readaptar ao novo.

Viver a modéstia supõe a renúncia de alguns prazeres que não se coadunam com um comportamento cristão. Ela é uma virtude em questionamento, pois não está em alta nesses últimos tempos. Somos mais propensos à vaidade; é mais atrativa e sedutora.

A modéstia supõe o recato e uma aparente contradição da beleza etc. É a ausência de vaidade em relação ao próprio valor, às próprias realizações etc.; despretensão. Edwiges era uma bem-sucedida duquesa, mas não se deixou seduzir pelo êxito e fama de seu tempo.

A juventude, em seu todo, tem verdadeira aversão à modéstia. No século da autoestima, do glamour é mais interessante ser ousado que modesto. Todavia, é difícil decifrar a modéstia dessas últimas décadas.

A modéstia perde pelo equilíbrio. Não é fácil viver virtudes de altruísmo e dedicação aos semelhantes. A falta de escrúpulo está em alta nessas últimas décadas. Vivemos uma religião tão livre que o escrúpulo não faz mais parte de nossa lista de virtudes. Parece que ter escrúpulos é vergonhoso.

A modéstia é o oposto de exibicionismo. O modesto não procura atrair a atenção das pessoas de forma indecente nem escandalosa. Uma pessoa modesta: fala discretamente – não fala coisas indecentes nem muito exageradas – (Cl 3,8); age humildemente – não procura atrair outras pessoas para o pecado com suas atitudes. Veste-se modestamente – por não querer gerar escândalo nem provocar os mais fracos; a pessoa modesta usa roupa adequada, que a sociedade considera decente (Rm 14,16).

Modéstia é não querer pecar nem levar outros a pecarem. A pessoa modesta ama a Deus e quer refletir a "beleza interior", que vem de Deus (1Pd 3,3-4). Suas ações e atitudes refletem a beleza de uma vida guiada por Jesus. Modéstia é amar a pureza.

Enfim, podemos observar o papa Francisco, em quem resplandece a modéstia em atitudes e ações diárias. Parece que ele tem dado o toque para um "novo tipo" de Igreja mais contida e simples. Em seus discursos tem provocado e chamado atenção à hierarquia sobre os excessos de costumes extravagantes.[2]

d) A prévia atenção aos pobres

Santa Edwiges nasceu em 1174, na Alemanha. Filha de Bertoldo IV da Moravia e de sua esposa, Inês de Rochlitz, foi criada em ambiente de luxo e riqueza; o que não a impediu de ser simples e viver com humildade. Para completar sua formação, ficou, por seis anos, interna em um mosteiro de sua região.

Seu bem maior era o amor total a Deus e ao próximo. De família nobre, rica, assistiu, desde a tenra idade, a miséria tomar formas diferentes nas pessoas que conhecia, amava e com as quais convivia. Contam os historiadores que Santa Edwiges vivia com uma renda mínima, pois usava o restante para socorrer os pobres, enfermos, idosos, viúvas, crianças abandonadas, endividados e encarcerados, a quem ajudava pessoalmente.

Edwiges tinha um carinho especial pelos pobres. Essa foi sua singular e destacada característica como cristã,

---

[2] Jerônimo Gasques, *Coisas do Papa Francisco*, Loyola Editora, 2015, 96 páginas. O livro narra seus primeiros dias de ministério na Cátedra de Pedro. Sua eleição tem chamado atenção do mundo sobre a figura risonha e um título cativante: Francisco. Jamais alguém poderia imaginar tal proposta. Ele tornou-se o primeiro Papa latino-americano a assumir o posto pontifício.

pessoa e duquesa. Os pobres eram sua opção preferencial. Em um tempo em que se questionava essa opção de vida, ela o fazia de forma livre e responsável em meados do século XII. Não sabemos, todavia, onde aprendera tal virtude e gosto pelos desfavorecidos da sorte.

Ela soube, desde pequena, acolher os pobres, que são o coração de Deus ou estão inseridos nele. Jesus foi o modelo exemplar dessa opção. O profeta Ezequiel condenou a maneira com que os pobres eram tratados. Ele disse: "O povo da terra pratica extorsão e comete roubos; oprime os pobres e os necessitados; e maltrata os estrangeiros, negando-lhes justiça" (Ez 22,29, in Bíblia Sagrada, *Nova Versão Internacional*).

Quando Jesus via as multidões, ficava "com muita pena daquela gente porque eles estavam aflitos e abandonados, como ovelhas sem pastor" (Mt 9,35-36).

O relato da viúva necessitada mostra que Jesus ficou impressionado, não pelos grandes donativos dos ricos, que deram "do que lhes sobrava", mas pelo pequeno donativo da viúva pobre. O que ela fez tocou o coração dele, porque, "de sua carência, ela lançou nos cofres do tesouro todo o seu meio de vida" (Lc 21,4).

A opção preferencial pelos pobres é um dos princípios da Doutrina Social da Igreja. São João Paulo II sublinha, na Encíclica *Centesimus Annus*, que "o amor da Igreja pelos pobres, que é decisivo e pertence a sua constante tradição, impele-a a dirigir-se ao mundo no qual, apesar do progresso técnico-econômico, a pobreza ameaça assumir formas gigantescas" (n. 57).

Hoje soa estranho ouvir falar em pobres e pobreza. Parece que isso saiu de moda. O medo se semelha à dominação da maioria das mentes dos cristãos. Dá a impressão de que não mais lemos os evangelhos e os grandes sermões de Jesus (cf. Mt 5-7: as bem-aventuranças).

Edwiges recusava-se a tomar sua refeição antes de dar de comer aos pobres, e o fazia de joelhos. Por vezes, antes de tomar água, passava o copo a um pobre para que este a sorvesse antes. Em várias ocasiões, propiciou copiosas refeições para os necessitados, aos quais, pessoalmente, servia os alimentos (ela tomava os alimentos somente depois de tê-los servido com precedência; contentava-se com o que havia de mais simples). Alguns filhos de nobres fizeram o sutil comentário: "Os mendigos comiam melhor nas refeições servidas pela duquesa do que eles nas mesas dos príncipes"...

Em seu tempo, havia muitos pobres por várias razões sociais e políticas. Nasceu e cresceu entre o luxo de sua família, mas guardou a singeleza de uma companheira dos pobres, de uma peregrina em busca dos desvalidos.

Desde pequena, não se moveu a seu estado de família abastada e cheia de bens. Soube dosar a proporção entre o ter e o ajudar os menos favorecidos pela sorte humana. Era uma alma generosa e cheia de delicadezas da divina pobreza; não se furtava aos pobres, os amigos prediletos de Deus.

A riqueza, em si, pode ser um grande bem, desde que colocada em circulação no atendimento aos mais carentes. Pode não ser pecado ser rico, mas ser rico sem atenção aos pobres mereceu a reprovação de Jesus (cf. Lc 17). Ele, frequentemente, advertia contra os perigos das riquezas; mostrou a um homem rico que precisava vender todas as suas posses e dar aos pobres para que fosse seu seguidor (Mc 10,17-22). Alguns têm usado tal ensinamento como uma base para dizer que é errado ter posses materiais.

A dedicação de Edwiges aos pobres veio de origem. Nascera em um berço cristão, em que se ensinavam os princípios da fé, da dedicação e respeito aos pobres e àqueles que batiam a sua porta para pedir uma esmola. Os filhos aprendem a generosidade observando as atitudes dos pais. A casa cristã tem de ser a "escola da caridade", onde os filhos aprendem com o exemplo de seus pais. A caridade não se ensina, pratica-se.

Poderia ela, ao ter enviuvado, fazer a profissão religiosa e emitir os votos de pobreza, castidade e obediência. Mas, ao fazer o voto de pobreza, extinguiria assim a possibilidade de ajudar os pobres com os bens que tinha, portanto manteve-se pobre de espírito, vivendo a pobreza evangélica, mesmo continuando a possuir grande fortuna.

Enfim, seu Castelo não fechava as portas para os peregrinos e penitentes que se dirigiam a Roma. Acolhia-os, hospedava-os e dava-lhes meios necessários para as viagens penosas e fatigantes. Sua compaixão pelos aflitos era proverbial; dessa forma, foi considerada a protetora dos desvalidos, dos desamparados, dos pobres e dos endividados (Vanilde Fernandes).

Suas lágrimas lhe afloravam aos olhos diante do padecimento humano; sofria com este igualmente. Enfrentava os contratempos com a energia raríssima de uma dama da corte de sua época e, em todos os instantes, procurava evitar danos maiores, funcionando como incansável mediadora e como pacificadora abençoada.

Edwiges tinha aquela vontade de "salvar" o mundo. Certamente, tentava. Tinha clareza de que era impossível, mas não se descuidou de sua obrigação à medida que ia fazendo sua obra. Poderia não estancar a fome de todos os alemães de seu tempo, mas tinha a sublime missão de fazer sua parte na obra redentora. Fez seu trabalho como inspiração divina e deu a todos os socorridos a alegria de um sorriso. Talvez, nem ela percebera! A caridade de Edwiges tinha aquilo de colossal, de abissal. Era uma característica própria dela; era uma graça inerente a sua personalidade. Não planejava a quem e quantos poderiam atender. Estava à disposição do momento. Todos eram atendidos na mesma proporção e atenção.

e) A duquesa pobre

Acreditamos que a pobreza seja, como dizem os místicos, a rainha das virtudes. Edwiges tinha todos os requisitos para não ser pobre ou não viver como pobre, mas fez essa opção. Os bens, o conforto da vida não lhe tiraram o desejo de servir aos mais encarecidos. Fazia isso com alegria.

Nem sempre necessitamos planejar a caridade social ou os votos de pobreza. Qualquer cristão pode fazer-se merecedor dessa virtude. Basta um olhar de ternura que já podemos observar as "barrigas vazias" dos pobres sofredores. Nossas paróquias estão repletas dessas pessoas e de pessoas que não decidem pela caridade (pastoral social, da criança, do idoso, do migrante etc.).

Outros santos, contemporâneos, também optaram pela pobreza: Francisco de Assis (1182-1226), Priscila, São Vicente de Paulo, Luísa de Marillac, Clara, São Filipe Neri, Santo Antônio, Frederico Ozanon, Santa Teresa de

Calcutá, Oscar Romero, Charles de Foucault, Irmã Dulce e milhares de outros (Dom Helder, Dom Luciano etc.).

São Boaventura (1221-1274) escreveu sobre Francisco assim: "Vendo que aquela que tinha sido a companheira habitual do Filho de Deus se tornara, nessa altura, objeto de aversão universal, tomou a peito desposá-la e devotou-lhe um amor eterno. Não satisfeito em deixar por ela pai e mãe (cf. Gn 2,24), distribuiu pelos pobres tudo que tinha (cf. Mt 19,21). Nunca ninguém guardou tão ciosamente seu dinheiro como Francisco guardou sua pobreza; nunca ninguém vigiou seu tesouro com maior cuidado que o que ele colocou em guardar esta pérola de que fala o evangelho".

Naquele tempo, disse Jesus a seus discípulos: o reino dos Céus é semelhante a um tesouro escondido em um campo. O homem que o encontrou tornou a escondê-lo e ficou tão contente que foi vender tudo quanto possuía e comprou aquele campo. O reino dos Céus é semelhante a um negociante que procura pérolas preciosas. Ao encontrar uma de grande valor, foi vender tudo quanto possuía e comprou essa pérola (Mt 13,44-46).

Edwiges tinha uma vida regrada nas virtudes que aprendera, desde pequena, com os pais e, depois, no mosteiro, com as irmãs. A opção pela pobreza de Edwiges só poderia ser fruto de uma grande graça recebida no lar cristão em que nasceu e na comunidade em que participava das celebrações e outras atividades.

Sua pobreza foi colocada em prática e a serviço dos mais pobres. Não esperava que o pobre a procurasse, ela mesma ia ao encontro do necessitado e lhe oferecia seus préstimos.

Cada santo tem seu modo de viver a santa pobreza. Francisco tinha sua maneira de entendê-la, bem diferente da maneira de Edwiges. Ele dizia àqueles que lhe interrogavam: "Sabei, irmãos, que a pobreza espiritual é o caminho privilegiado para a salvação, vista que é a seiva da humildade e a raiz da perfeição; seus efeitos são incontáveis, embora ocultos. Ela é esse tesouro escondido em um campo do qual nos fala o evangelho, pelo qual é necessário vender todo o resto e cujo valor deve impelir-nos a desprezar todas as outras coisas" (São Boaventura).

Edwiges não vendeu seus bens. Além da herança deixada e usufruída pela família, havia um valor do dote por ocasião de seu casamento. Seu esposo não quis usufruí-lo e deixou que ela mesma o administrasse. Com o dote recebido, fazia sua caridade no atendimento àqueles que a procuravam.

Fiel a seu batismo, viveu plenamente as quatro dimensões da graça santificante: amou o mundo, a si mesma, ao próximo, e a Deus; foi um testemunho vivo da ação de Deus na vida de uma pessoa, como virgem, mãe, esposa e consagrada.

Edwiges viveu mais para os outros do que para si mesma; foi mulher de muita fé, muita esperança e muita caridade em virtude de seu amor ao próximo. Passou por este mundo fazendo o bem a todos, sobretudo aos pobres, aos enfermos, aos prisioneiros e aos que se encontravam em dificuldades.

f) A Santa do silêncio

Trataremos, abaixo, sobre alguns aspectos de seu silêncio. Aqui, interessa-nos admirá-la como a "Santa do silêncio". Edwiges soube, em todo o tempo, fazer silêncio, que deve interessar a seus devotos. Acreditamos que, aqui, reside um aspecto fundamental na devoção edwigiana.

Muitos pensam o silêncio de várias formas. Parece que ele está em extinção. "Há uma dignidade no silêncio. Ele está acabando. Cercado de barulho por todos os lados, as pessoas perdem a cada dia a capacidade de ouvir determinadas verdades que brotam do interior. A poluição sonora (em forma de ruído e de arte musical padronizada de baixa qualidade) é, talvez, mais perniciosa que a visual... A poluição sonora macula a alma" (João Paulo, diretor do Caderno Cultura de Minas Gerais).

Perder a graça do silêncio não faz sentido. Santa Edwiges, em todos os momentos de sua vida, soube calar e deixar o silêncio discorrer mais alto. Em seus escritos, jamais, alguém se aventurou descrever sobre seus reclames. Sabemos que ela não teve uma vida favorecida diante dos problemas. Teve muitos arrepios que poderiam fazê-la se desgostar da vida e de sua vocação.

Edwiges, desde pequena, sempre buscou o silêncio. Quando criança, recolhia-se na Igreja em adoração diante do Santíssimo Sacramento. Certamente, essa prática lhe inspirou o restante das atitudes silenciosas. Sabemos, também, que fazer silêncio requer alguma sabedoria e disciplina.

Enquanto escrevia, este texto, alguém me perguntava, pelo whatsApp: "me diga uma coisa... como fazer para a dor da alma ser menor?" (Essa pessoa havia perdido sua mãe). Esse é nosso desafio diante da dor, da separação e da morte. Aprender a fazer silêncio é a única receita, mas as resistências são inúmeras. Queremos gritar, e outros, esbravejar. Não vai adiantar. O silêncio é, apenas, divino.

Edwiges deve ter aprendido essa lição na convivência com sua realidade humana. Nosso mundo está cheio de barulho: carros, máquinas, celulares, televisão, música... tudo chama nossa atenção, tudo nos distrai. Banimos o silêncio e não sabemos mais como encontrá-lo. Edwiges buscava o silêncio! Nós precisamos do silêncio. Nele podemos nos acalmar e focar no mais importante: Deus. Jesus, muitas vezes, retirava-se para lugares solitários, silenciosos, para estar sozinho com Deus. O silêncio é importante para ouvir sua voz. O retiro de Edwiges era sua consagração total ao amor divino, que a cobria tão maravilhosamente.

Como dizem, em alguns círculos religiosos: "Depois do silêncio vem o livramento". Bom é ter a esperança e aguardar, em silêncio, a salvação do Senhor (Lm 3,26). Cremos que uma das coisas mais difíceis para os cristãos, de hoje, é esperar no Senhor. Não é fácil "esperar no Senhor" em tempos como os atuais, em que tudo corre a mil por hora. Cremos, também, que mais difícil ainda é esperar em silêncio o livramento de Deus. Mas, maiormente, o silêncio em Deus significa confiança e calma.

Muitas vezes, a sabedoria se esconde no silêncio. A sabedoria é regada pelo silêncio e seus frutos são colhidos pela sensatez. Algumas vezes é preciso silenciar, sair de cena e esperar que a sabedoria do tempo termine o espetáculo. Lembre-se da sabedoria da água: ela nunca discute com seus obstáculos, ela simplesmente os contorna.

O silêncio de Edwiges nasceu de uma alma compadecida e virtuosa. As inúmeras perdas que tivera acreditamos que não foram fáceis e não entendemos onde ela buscava tanta força para não clamar socorro. O silêncio foi seu companheiro na caminhada espinhosa pela qual passou. Seu silêncio parece-nos aterrorizante. A duquesa poderia estar tranquila com seus afazeres, mas não. Tinha uma vida sem sossego no cuidado dos pobres e carregada de problemas familiares. Certamente, era uma mulher agraciada por Deus. Seus problemas não lhe tiravam a paz de sua alma, sempre pronta ao novo desafio. Seu silêncio era operativo. Não perdia tempo em estar sem o que fazer. Ocupava-se de forma ativa no silêncio contemplativo.

Contemplar e agir eram seus dois caminhos.

Que Santa Edwiges nos ensine, nos momentos de dor, a fazermos silêncio e esperar em Deus, como ela fizera tantas vezes em sua vida. Viveu em plenitude a Palavra de Deus. Em Provérbios 13,3, está escrito: "Quem guarda sua boca guarda sua vida, mas quem fala demais acaba se arruinando".

Aprendamos de Edwiges a fazer silêncio sempre!

g) A duquesa do cuidado

Hoje se escrevem livros e se fazem palestras sobre o cuidado. Gastam-se inúmeras páginas de escritos e muito esforço humano para dizer que o cuidado é sumamente importante. O cuidado implica ajudar os outros, tentar promover seu bem-estar e evitar que sofram de algum mal.

O mundo atual descobriu que cuidar é necessário; que algumas pessoas se dedicam a esse trabalho; alguns morrem por essa missão. Criaram, inclusive, a profissão de cuidador, que se dedica, de modo especial, aos doentes, idosos e às pessoas em constante carência. Surgiram inúmeras enfermidades que necessitam de mais zelo, atenção e cuidado.[3]

Leonardo lembra que: "Constata-se, igualmente, que a categoria 'cuidado' vem ganhando força sempre que emergem situações críticas. É ele que impede que as crises, com seus riscos e suas chances, transformem-se em tragédias fatais". O cuidado se tornou um tema recorrente das carências éticas do mundo atual.

Conclui ele que "O cuidado está, especialmente, presente nas duas pontas da vida: no nascimento e na morte. A criança sem o cuidado não existe. O moribundo precisa do cuidado para sair decentemente desta vida".

Leonardo Boff[4]— diz: "O cuidado inclui, normalmente, duas significações básicas intimamente ligadas entre si: a primeira, a atitude de desvelo, solicitude e de atenção com o outro; a segunda, de preocupação, de inquietação e responsabilidade, porque a pessoa que tem cuidado se sente envolvida e ligada ao outro".

Parece-nos que os santos cuidaram pouco de si, mas dedicaram-se supremamente em favor dos outros. O mesmo Jesus se compadeceu de seus discípulos quando os percebeu cansados e exaustos pelo trabalho; convidou-os a um lugar de refrigério para o descanso (cf. Mc 6,30-31).

---

[3] Gasques, J., Diaconia do acolhimento, Paulus Editora, 7ª edição revista, 2019. A diaconia é um serviço que a comunidade presta em horários das celebrações e é estendido aos demais cuidados de pastoral na comunidade paroquial. Hoje, em algumas comunidades, usa-se a expressão "pastoral da escuta". A Escuta é um serviço de doação, no qual voluntários oferecem um pouco de seu tempo para, de forma livre e voluntária, acolher, escutar e compreender o carente de voz, partilhando e colaborando na solução de suas agonias. "A Pastoral da Escuta é um braço da Pastoral da Acolhida. O agente dessa Pastoral escuta atentamente as necessidades e os desabafos da pessoa e busca apontar caminhos de solução" (Pe. José Carlos Pereira).

[4] Boff, Leonardo. Saber cuidar: ética do humano. Petrópolis: Vozes, 1999.

Cuidar é perceber o sofrimento do outro e ser capaz de acolhê-lo e compreendê-lo com serenidade, amor e compaixão. O sentimento tende a ir aumentando e acaba por prejudicar o indivíduo em suas atividades sociais, familiares e profissionais. Você tem feito esse exercício em acolher com o coração aberto?

O Frei Clodovis Boff lançou um livro sobre o cuidado de si. Nele, o autor elenca diversos sintomas da falta de sentido hoje: a depressão crescente, os suicídios em alta (especialmente entre os jovens), a difusão das drogas, a desnatalidade deliberada, a banalização do sexo, a violência difusa e o advento da frivolidade. "Tudo isso configura esvaziamento dos valores e desamor pela vida", explica.[5]

Enfim, Santa Edwiges pode ser considerada a santa do cuidado. Sua vida foi uma constante dedicação aos mais carentes. Mais curioso, ainda, é que os mais pobres não precisavam procurá-la; ela mesma os visitava e oferecia seus préstimos. Somente uma alma devotada podia ter essa altivez. Consagrava seus dias na mortificação e na dedicação desinteressada pelos pobres de seu ducado.

Conhecemos muitas comunidades que se dedicam aos pobres. Hoje chamamos isso de pastoral social ou de obra social. A filantropia está em alta nessas últimas décadas. Todos estão percebendo que a vida só faz sen-

---

[5] Boff, C., *O Livro do Sentido* – crise e busca de sentido hoje, Paulus Editora, 576 páginas. É uma trilogia em que o autor "busca balizar um terreno vitalíssimo da problemática humana, mas que permanece até hoje teoricamente por demais vaporosos". Leonardo Boff, *Saber Cuidar*, Editora Vozes, 248 páginas, 1999. "Tudo o que existe e vive precisa ser cuidado para continuar a existir e a viver – uma planta, um animal, uma criança, um idoso, o planeta Terra. Uma antiga fábula diz que a essência do ser humano reside no cuidado. O cuidado é mais fundamental do que a razão e a vontade. Este livro procura detalhar o cuidado em suas várias concretizações – cuidado com a Terra, com a sociedade sustentável, com o corpo, com o espírito, com a grande travessia da morte..." (sinopse).

tido quando se tem um olhar para o próximo. O tempo da pandemia nos ensinou e despertou o interesse pelo outro. Muitos se desvelaram no cuidado pelo próximo. A caridade auxiliada pelo cuidado despertou muita gente. Percebemos que, sem comunhão, a vida não tem graça. A solidariedade venceu os obstáculos da carência social.

Aqui, entra a necessidade do trabalho do voluntariado. Quanta coisa pode se fazer para estancar o sofrimento humano. Todos são convidados a fazer sua pequena ou grande parte na obra da restauração da humanidade.

Os santos, no decorrer desses dois milênios, têm ensinado essa lição. Iniciamos o terceiro milênio movidos pela compaixão para com os mais pobres. Alguns, idealmente, desejam acabar com a fome no mundo. Certamente, pode ser possível, mas vai levar muitos anos para que todos se sintam responsáveis uns pelos outros.

Aprendamos com Santa Edwiges a, não somente, pedir sua consolada proteção, mas também a ter compaixão pelos mais sofredores que estão a nosso derredor. Todos nós podemos fazer nossa parte. Aprendamos dela o cuidado libertador.

Muitas vezes nos esquecemos de que podemos, também, fazer o bem. Cada um pode desempenhar um modesto cuidado em favor dos outros. Sejamos inspirados em Santa Edwiges que aprendeu a ter um olhar samaritano de compaixão por seus súbitos.

Por outro lado, nós nos recusamos a oferecer ajuda àqueles que estão sofrendo. Muitas vezes, passamos ao largo, como as personagens da parábola do Bom Samaritano, que evitaram "se contaminar" com aquele homem caído na estrada (cf. Lc 10,25-37, especialmente os v. 31 e 32). Há muitas pessoas "caídas" por aí e nós, tantas vezes, não nos ocupamos delas, preferindo, tantas outras vezes, julgá-las temerariamente.

Uma lista de sugestões para que o devoto se fortaleça nessa opção. John MacArthur Jr. enumerou algumas atitudes, que são apontadas na Bíblia e que devem fazer parte de nosso dia a dia na Igreja. Vejamos:

1. Confessarmos nossos pecados (Tg 5,16).
2. Edificarmos uns aos outros (1Ts 5,11; Rm 14,19).
3. Levarmos as cargas uns dos outros (Gl 6,2).
4. Orarmos uns pelos outros (Tg 5,16).
5. Sermos benevolentes uns para com os outros (Ef 4,32).
6. Sujeitarmo-nos uns aos outros (Ef 5,21).
7. Sermos hospitaleiros uns com os outros (1Pd 4,9).
8. Servirmos uns aos outros (Gl 5,13; 1Pd 4,10).
9. Consolarmos uns aos outros (1Ts 4,18; 5,11).
10. Corrigirmos uns aos outros (Gl 6,1).
11. Perdoarmos uns aos outros (2Cor 2,7; Ef 4,32; Cl 3,13).
12. Admoestarmos uns aos outros (Rm 15,14; Cl 3,16).
13. Instruirmos uns aos outros (Cl 3,16).
14. Exortarmos uns aos outros (Hb 3,13; 10,25).
15. Amarmos uns aos outros (Rm 13,8; 1Ts 3,12; 4,9; 1Pd 1,22; 1Jo 3,11,23;4,7-11).

Devemos desenvolver a caridade, sempre tendo em vista o Corpo de Cristo (a Igreja). Necessitamos estar atentos e ajudar o outro em sua tribulação. Não carecemos de ser individualistas, nem egoístas, olhando apenas nosso próprio umbigo. O cristão olha para frente, adiante, pensando nas pessoas a seu redor, copiando o exemplo sublime de Cristo, que deu sua própria vida em favor de seus amigos (cf. *Editora Ultimato*).

Jesus nos ensina que a vida cristã não pode ser vivida isoladamente (Hb 10,25), pois somos uma família (Ef 2,19), escolhida antes da fundação do mundo (Ef 1,4) para viver em comunhão uns com os outros (At 2,42-47), com alegria e devoção e, especialmente, cuidando uns dos outros, pastoreando, aconselhando, admoestando e orando (Cl 3,16-17; Tg 5,16). A vida cristã precisa ser fundamentada no "eu preciso de você".

Nesse aspecto encaixa bem a recomendação do papa Francisco: "Não tenham medo de sair e ir ao encontro destas pessoas, destas situações. Não se deixem atrapalhar por preconceitos, por hábitos, rigidez mental ou pastoral (...). E se pode ir às periferias somente quando se leva a Palavra de Deus no coração e se caminha com a Igreja, como São Francisco".

Aprendamos com Edwiges o cuidado atencioso com os irmãos que estão a nosso derredor; sejamos solidários e dediquemos algum tempo aos mais encarecidos da paróquia. Várias podem ser as formas de trabalho: artesanato; reciclagem de materiais; costura; construção civil; alimentação; produção de sabões e sabonetes; e muitas outras. Temos tantas oportunidades para fazer o bem!

h) A santa da empatia

Santa Edwiges é moderna. Sua vida se encontra na encruzilhada da atualidade em pleno século XXI. Trouxe para si as dificuldades de seu povo; soube ouvir a amargura de cada um que a procurava e, acima de tudo, foi em busca daqueles que poderiam necessitar de seus préstimos.

A empatia é um conceito "moderno" de caridade oblativa em favor do próximo. Esta leva as pessoas a se ajudarem umas às outras. Está intimamente ligada ao altruísmo – amor e interesse pelo próximo – e à capacidade de ajudar. Quando um indivíduo consegue sentir a dor ou o sofrimento do outro, ao se colocar em seu lugar, desperta a vontade de ajudar e de agir seguindo princípios morais.

Hoje, dizemos que o mal do século é a depressão, mas alguns alegam que é a falta de empatia. "Acredito que, de todos os enfrentamentos por que uma pessoa passa, nesse período, a depressão vem a ser o mais difícil deles, por causa da incompreensão" (Thamilly Rozendo).

Vemos tantos discursos cansados para tentar ajudar aqueles que estão depressivos. São alguns conselhos derrotados, fragmentados, ensaiados e sem liga com a realidade de cada pessoa. Alguns, até, apelam para a falta de fé e alegam que a pessoa não está confiando em Deus. Outros alegam: "ouvia que eu não estava me ajudando e que 'você precisa se levantar dessa cama', como se isso fosse tão simples".

Na maioria das vezes, essas falas acabam por afundar ainda mais a pessoa. Nossos problemas se parecem tão simples para os outros, mas tão dolorosos e complicados a nossos olhos. Muitos, para consolarem, repetem a ladainha: "existem pessoas em condições tão piores que a sua, e você aí, com problemas pequenos e se entregando por tão pouco".

Santa Edwiges não tinha discurso ensaiado para consolar as pessoas. Na maioria das vezes, precisamos de empatia e não de palavras.

Quando o indivíduo consegue sentir a dor ou o sofrimento do outro, ao se colocar em seu lugar, desperta a vontade de amparar e de agir seguindo princípios morais. O mundo está cansado de palavras, falácias e de falatórios.

A todo o lugar que você for, encontrará alguém falando palavras de conforto e animando sem, ao menos, conhecer os problemas das pessoas. Haja vista as diferentes redes de televisão, de acompanhamento religioso, que incluem programas de "autoajuda" como se resolvessem os problemas pela televisão. Há ainda os outros meios por meio das constantes mensagens em mídias digitais.

Muitos se aventuram em modismo confortáveis dirigido às pessoas. Aparece, de modo instigante, os propagadores do estilo *coaching* de liderança. São linguagens carregadas de propostas, quase irrecusáveis: pensa comercial e persistentemente, orienta para obter resultados, é altamente competitivo, comunica-se abertamente, gosta de processos eficientes, define expectativas claras, como se fossem fáceis de serem encontradas e praticadas pelas pessoas.

A maioria das igrejas, de corte pentecostal, tem ensaiado esse discurso de comoção. A Igreja católica, em alguns setores, também tem procurado esse recurso para "consolar" os oprimidos. Muitos movimentos caminham nessa linha de pensamento. Sabemos que isso, sim, é necessário, mas temos de ter uma equipe de acolhimento para ajudar as pessoas a refazerem seus caminhos. Caso haja descuido, todo trabalho ficará perdido.

No dicionário, "Empatia significa a capacidade psicológica para sentir o que sentiria outra pessoa caso estivesse na mesma situação vivenciada por ela. Consiste em tentar compreender sentimentos e emoções, procurando experimentar de forma objetiva e racional o que sente outro indivíduo".

Podemos pensar a empatia assim: cada pessoa é única e tem "seus" problemas do seu modo; devemos escutar antes de falar. Na maioria das vezes, falamos demais, mas precisamos calar diante de algumas circunstâncias. Como é importante a linguagem corporal! Um abraço, por exemplo, surte mais efeito que muitas palavras; abandone os julgamentos e passe a compreender o porquê as pessoas agem assim; empatia não é fingimento.

Santa Edwiges tinha todas essas características de forma a sobrar. Era uma duquesa que se importava com seu povo. Seu povo era parte de sua missão como princesa (primeira dama, diríamos hoje). Seus bens eram colocados em função daqueles que careciam de sua caridade social. Não cobrava por aquilo que fazia de forma livre e espontânea.

Edwiges foi um socorro naquele tempo de aflição. Em tudo, ela estava para servir. Servir e amar! Amar sem olhar a quem. Nessa situação, a pessoa empática coloca de lado sua "escala de importância" para entender o sofrimento do outro a partir da "escala de importância" dele.

Augusto Cury diz: "A capacidade de se colocar no lugar do outro é uma das funções mais importantes da inteligência. Demonstra o grau de maturidade do ser humano".

Enfim, fiquemos com esses quatro textos da Bíblia. (Mt 7,12): "Portanto, tudo o que vós quereis que os homens vos façam, fazei-o vós também a eles, pois esta é a lei e os profetas" [cf. *também* Lc 6,31].

– (Mt 22,39b): "Amarás a teu próximo como a ti mesmo".

– (Rm 12,15): "Alegrai-vos com os que se alegram, e chorai com os que choram".

– (1Cor 12,25b,26): "Mas antes tenham os membros [do corpo dos que creem] igual cuidado uns dos outros. De maneira que, se um membro padece, todos os membros padecem com ele; se um membro é honrado, todos os membros se regozijam com ele" [cf. *também versículos* 20-27].

O mundo carece de empatia para pôr "na pele" a dor do outro. Isso é essencial para que as pessoas possam se respeitar e aprender a viver com suas diferenças. Talvez o "mundo" não entenda essa necessidade, pois todos lutam para sobreviver, mas os cristãos necessitam de parar para colaborar por um mundo melhor!

Enfim, lembrar-se de Jesus: "Bem-aventurados os misericordiosos, porque eles alcançarão misericórdia" (Mt 5,7).

i) A mulher de costumes austeros

Vamos observar outra virtude de Edwiges: sua austeridade de vida. Quando pensamos essa virtude para pessoas religiosas (bispo, freira, padre), não nos espanta de momento. Mas ela se distinguia, desde pequena, das demais meninas de sua idade. Agora, adulta e duquesa, é mais impactante.

Quando pensamos em austeridade, temos a impressão de que estamos nos referindo a questões de economia ou coisas sobre a administração. É certo que o sistema econômico não perdoa qualquer modo de vida sem contenção e gerenciamento dos bens. A maioria dos endividados foram vítimas de uma má administração de seus bens.

Perguntamos: o que é ser austero? Austeridade é uma severidade de costumes, de vida; também pode ser uma espécie de penitência, rigor e disciplina. Lembram-se do tempo do coronavírus como foi difícil "ficar em casa"! Houve muitas resistências na disciplina de que o ritmo de vida seria outro. Também pode ser a característica de uma pessoa rigorosa, ríspida, severa e inflexível. Exemplo: "Ele teve uma infância muito complicada, porque seu pai era uma pessoa austera". Isso pode influenciar a personalidade de alguns. Além disso, pode ser uma espécie de filosofia de vida, um modo de proceder, certamente edificante, quando não incorrer em malefício para aquele que pratica a severidade de forma proposital. Aqui, é mais uma questão de doença ou de desvio de personalidade. Não estamos tratando disso.

Uma vida regrada na austeridade não é o desejo da maioria das pessoas. Desejamos uma vida mais solta, com menos rigor e propostas de pontualidades comportamentais. A época em que vivemos é chamada de "relacionamentos líquidos", de propostas sem exigências e de relações sem durabilidade. É muito difícil viver com austeridade. Estamos mais para viver a vida com poucas preocupações sobre o futuro. Parece que ela não existe, e poucos se dão conta dessa realidade. Austeridade e felicidade parecem não cair bem nos dias atuais. Todos desejam ser felizes, mas poucos equilibram suas finanças e avaliam suas entradas e saídas. O caixa, dessa forma, vai se esvaziando!

A "virtude" da austeridade não é mais desejada, nem pela maioria dos religiosos. Desejamos e lutamos por uma formação desprovida de sacrifícios. Parece que essa virtude não combina com o procedimento da maioria das pessoas. Isso atinge as famílias, as comunidades. Somos mais pelo diálogo.

Errado o homem que batizou a pecúnia como símbolo da felicidade plena: bolsos cheios (dinheiro), felicidade existencial; bolsos vazios, símbolo da incapacidade de se estar em alegria duradoura. Essa, infelizmente, é a nova moldura de pensamento humano dos dias de hoje. As pessoas acabam concluindo que felicidade e austeridade não combinam mais!

Santa Edwiges foi austera sem deixar de ser ela mesma. Talvez não se deixou guiar pelos padrões de seu tempo. Era severa com sua vida. O que a deixou livre fora sua condição de duquesa e sua opção de vida. Sua austeridade não foi fabricada por necessidades econômicas ou outros fatores alienantes a sua vida. Tinha a liberdade de ser diferente ou igual às demais moças de seu tempo.

Sua virtude estava aí. Tinha bens, soube colocá-los a seu dispor e não foi manipulada por eles. Tinha uma vida regrada e comedida. Não se aproximava dos grandes de seu tempo para mostrar sua onipotência, mas se sabia humilde para se refugiar aos pés do Senhor em adoração.

Edwiges era mulher de oração, vivia em profunda intimidade com o Senhor. Submetia-se ao sacrifício de jejuns diários, limitando-se a comer alguns legumes secos nos domingos, terças, quintas e sábados. Nas quartas e sextas-feiras, somente pão e água. Isso sempre em quantidade limitada, somente para atender as necessidades do corpo[6].

No tempo do advento e da quaresma, Edwiges se alimentava só para não cair sem sentidos. O esposo não aceitava aquela austeridade. Em uma quarta-feira de quaresma, ele esbravejou por haver tão somente água na mesa sendo que ele só bebia vinho. Edwiges então lhe ofereceu uma taça, cujo líquido se apresentou como vinho. Foi um dos muitos sinais ou milagres que ela realizou.

Quando ficou viúva, foi morar no Mosteiro de Trebnitz, na Polônia, onde sua filha Gertrudes era superiora. Foi lá que Edwiges deu largos passos rumo à santidade. Vivia com o mínimo de sua renda, para dispor o restante em socorro dos necessitados. Tinha um carinho especial pelas mulheres e crianças abandonadas. Encaminhava as viúvas para os conventos, onde estariam abrigadas, em casos de guerra, e as crianças para escolas, onde aprendiam um ofício.

Edwiges é um sinal de virtude a todos os seus devotos. Devemos aprender com ela a sabedoria da austeridade nas coisas deste mundo. Toda vida e todos os negócios bem feitos, certamente, colocam-nos em condições de dispensar alguns sofrimentos. Que sua vida nos inspire a modéstia e o comedimento.

---

[6] Cf. *www.santoprotetor.com* acessado dia 09.08.2019.

j) A santa do paradoxo

Enquanto a maioria dos santos procuravam os meramente pobres, Edwiges procurava os endividados de seu ducado. Certamente, havia muitos pobres, mas sua atenção se voltou para um tipo de situação, aparentemente, esquecida ou marginalizada. Não conseguimos idealizar a razão desse interesse. Em todo o caso, vamos tentar imaginá-lo.

Na celebração de canonização de Edwiges, no ano de 1267, o papa Clemente IV a apresentava como exemplo digno de ser imitado no que se refere à pratica do amor ao próximo. Chegou até a indicar alguns trechos da Escritura em que Edwiges se inspirava para sua assistência social e auxílio dos necessitados.

Como temos acenado acima, em vários trechos, sobre seu interesse pelas Escrituras e sua vivência da Palavra em seu cotidiano, podemos ter certeza de que ela se distinguia dos demais santos até então. Seu modo de proceder, como cristã, excedia na forma de encarar a fé e, como duquesa, poderia estar interessada pelas questões políticas, como era o costume.

O Papa disse que Edwiges gravou em seu coração as palavras do Senhor: "Sede, pois, misericordiosos como também vosso Pai é misericordioso" (Lc 6,36). Edwiges espalhava o bem entre os necessitados, com rapidez e decisão, como se tivesse sempre em mente as palavras do Evangelho: "E, respondendo, o Rei lhes dirá: 'Em verdade vos digo que, quantas vezes vós fizestes isso a um de meus irmãos mais pequeninos, a mim é que o fizestes'" (Mt 25,40). As palavras do evangelho a impeliam à ação caritativa.

Edwiges ajudava os pobres, cuidava dos doentes e famintos, tratava com carinho e atenção as parturientes e, jamais, esquecia as viúvas e os órfãos. Onde percebia necessidades e falta de recursos, acorria em auxílio, guiada pelo amor de seu coração. E não fazia isso como outras princesas ou rainhas que mandavam seus serviçais; ia pessoalmente e apresentava sua ajuda, seguindo as palavras do Mestre que diz: "Bem-aventurados os misericordiosos, porque alcançarão misericórdia" (Mt 5,7).

> Para São Bento era importante albergar o pobre, pois ele representava Cristo; e a recepção dos hóspedes, por isso, comportou um cerimonial litúrgico – mas o pobre vai ao monge, que está a sua espera.

A Duquesa Edwiges tinha como princípio que nenhum dos pobres e necessitados sofresse fome no castelo ducal de Wroclaw. Isso a motivou a construir uma cozinha para os pobres sob a direção de um cozinheiro experiente. Para os que tinham fome havia cozinheiro e auxiliares à vontade[7].

Edwiges se compadecia, por isso começou a usar sua grande riqueza, recebida de seus pais como dote, para ajudar os endividados mais necessitados; conseguiu, com isso, tirar muitos da prisão e até salvar da forca os que roubavam para sustentar sua família.

Mostrando um coração bondoso e privilegiado para sua época, quando a pompa, o luxo desmedido e a riqueza era o que interessava entre os nobres, Edwiges se vestia com simplicidade para dividir seus bens com

---

[7] Cf. *http://santuariosantaedwiges.com.br/* acessado dia 12.09.2018.

os necessitados. Preocupada com as viúvas de guerra e seus órfãos, passou a construir com seus recursos próprios: hospitais, escolas de ofícios, igrejas, conventos e mosteiros para abrigá-los, levando seu marido a fazer o mesmo.

Por que a chamamos de "paradoxo"? Entendemos que o socorro aos pobres, em condição social, fez-se necessário em todos os momentos da história como nos é indicado e mostrado pelas grandes ordens religiosas de então. Os Evangelhos e os Santos padres nos têm instigado a isso, bem como a suas comunidades. Ao longo da história da Igreja, observamos pessoas e grupos que se desdobraram a esse atendimento de forma pertinente, gratuita e interesseira, às vezes.

Segundo Michel Mollat, a definição de pobreza deve ser ampla e incluir todo aquele que, de modo permanente ou não, está debilitado, enjeitado, humilhado, mas também os que vivem a pobreza por ideal ascético – tal conceito não se restringe nem ao tempo nem ao espaço[8].

A pobreza está em dois planos e há, separando-os, um limiar que, transposto, transforma em miséria a precariedade; esse limiar pode ser *biológico* (vulnerabilidade fisiológica), *econômico* (ligado ao desenvolvimento econômico; dependente também do desenvolvimento demográfico, fenômenos climáticos e calamidades) e *sociológico* (desclassificação ligada à perda do "estado" social). Nos séculos VII e IX, a pobreza era menos uma inferioridade em relação ao rico que uma subordinação ao poderoso.

---

[8] Cf. *O pobre na Idade Média*, Campus Editora, p. 183.

Santa Edwiges teve uma maravilhosa intuição, pois "sacou" a necessidade de seus súditos naquilo que era entendido como comum: estar endividado por questões sociais ligadas ao mundo agrícola (as colheitas não produtivas, arrendamentos etc.). Ela se colocou, a seu lado, como uma verdadeira assistente social no socorro aos endividados. Fugiu, totalmente, daquilo que era comum: cuidar dos pobres, literalmente, econômicos.

Edwiges foi uma caridosa completa, uma assistente social, sem dúvida alguma, inigualável pelos séculos seguintes. Tudo que poderia se pensar em seu tempo ela e o marido fizeram: asilo, convento, leprosário, albergue, hospital, recurso jurídico, enfermaria etc.

Ela e o esposo reforçaram seu ducado de forma plena e diríamos, nos dias atuais, de empreendedorismo. Foi empreendedora e valeria o mérito de patrona dos empreendedores e, não somente, dos endividados!

Enfim, podemos pensar que muito do conceito de pobreza e misericórdia (baseado na Bíblia) é devido aos padres da Igreja, do período patrístico. Neles, a proclamação e a prática da caridade eram uma constante: alimentar e vestir o pobre é o mesmo que socorrer a Cristo. É fundamental a definição de Santo Agostinho de que o supérfluo do rico é o necessário do pobre; e é de São Jerônimo o convite de "seguir, nu, o Cristo nu".

Esses dados foram motivados pelos exemplos de sua casa, de seus pais, e apreendidos no mosteiro por onde passara, longos anos de sua vida. Ali foi o espaço onde aprendera a vivência do evangelho. Esse foi o paradoxo de Edwiges: ser a coroa dos pobres, sem avaliar quem necessitava de seus préstimos!

k) A santa da serenidade

Dentre os vários adjetivos que empregamos a Santa Edwiges, podemos destacar sua serenidade, própria dos grandes místicos, santos de primeira grandeza. Diante de tantos abalos, ficou sempre firme e altaneira à semelhança das palmeiras hirtas e fecundas em raízes enterradas e espalhadas pelo chão.

Certamente, não podemos avaliar o sofrimento de uma alma (pessoa), aquilo que passa em seu coração, seus sentimentos e desejos. A alma sente dor. É na profundidade do espírito que nos mergulhamos na mais profunda crise ou alegrias incontidas. Se não reagimos, estouramos por dentro e por fora! Somente a serenidade faz a contenção dessa situação.

Quantas "almas" estouradas estão à procura de Santa Edwiges para um momento de consolação; são pessoas que chegaram a seu limite e perderam a esperança em dias melhores. Parece que a nuvem do desconforto ainda as cobre de forma medonha. Vivem assustadas. Muitas se perdem nessa penumbra em busca de quem as console.

Ser sereno não é deixar de ter problemas, é saber conviver com eles. Santa Edwiges tinha problemas aos montes, mas tinha a virtude da consolação e da resiliência. Sabia conviver com as situações adversas de sua vida.

Ela é a santa da serenidade; soube lidar com os problemas de forma humana e tranquila. Não se alterava diante dos desditos de sua vida. Às vezes, imaginamos que os santos tiveram vidas tranquilas e sem problemas. Esse tipo de Santo não existe. Ela sabia esperar pelo tempo.

Herman Hesse (*Alemanha*, 02.07.1877 – 09.08.1962) tem um belo texto sobre a serenidade: "A serenidade não é feita nem de troca nem de narcisismo, é conhecimento supremo e amor, afirmação da realidade, atenção desperta junto à borda dos grandes fundos e de todos os abismos; é uma virtude dos santos e dos cavaleiros, é indestrutível e cresce com a idade e a aproximação da morte. É o segredo da beleza e a verdadeira substância de toda a arte".

Apenas para ilustrar. Segue essa oração para ser rezada diante das dificuldades e dos desafios da vida. Una essa oração ao pedido de força a Santa Edwiges.

Oração da Serenidade. A oração da serenidade é um texto, cuja autoria é alegada ao teólogo protestante Reinhold Niebuhr, e teria sido escrita no século XX. Mas existem estudiosos que afirmam que textos parecidos já teriam aparecido na filosofia romana e que outro autor moderno também teria criado algo semelhante.

A oração é parte dos ensinamentos cristãos e também do trabalho em grupos de ajuda mútua, como os Narcóticos Anônimos, Alcoólicos Anônimos e grupos de acolhimento na igreja.

Conceda-me, Senhor, a serenidade necessária, para aceitar as coisas que não posso modificar, coragem, para modificar aquelas que posso, e sabedoria, para conhecer a diferença entre elas, vivendo um dia de cada vez; desfrutando um momento de cada vez; aceitando que as dificuldades constituem o caminho para a paz; aceitando, como ele aceitou, este mundo tal como é, e não como eu queria que fosse; confiando que ele acertará tudo. Contanto que eu me entregue a sua vontade para que eu seja razoavelmente feliz nesta vida e, supremamente feliz, com ele eternamente na próxima.

l) Os últimos dias e a morte de santa Edwiges

Todos nós temos um tempo de vida. Não foi, certamente, diferente com Edwiges. Passou fazendo o bem aqui na terra. Seu marido já havia morrido. Dos seis filhos, quatro haviam falecido. O coração de mãe estava pequeno e apertado; restava-lhe sua filha, Gertrudes, que era prioresa do Convento de Trzebnica, onde era religiosa, e um filho, Henrique 2º, que era soldado e estava na guerra.

Um mensageiro levou a notícia nada agradável. O jovem príncipe havia sido morto por um guerreiro tártaro. Havia uma dor imensa espalhada no ar, naquele ambiente em que a duquesa, o mensageiro e a corte remanescente estavam reunidos. Uma notícia de morte nunca é bem-vinda, principalmente quando se trata de uma alma tão jovem e cheia de projetos para o futuro. Enfim, morria por uma causa.

Curiosamente, a santa mulher Edwiges não seguiu chorando e se lamentando para o homem que lhe trouxera a notícia da morte de seu amado filho. Ao contrário, demonstrando sua esplêndida nobreza, não exterior somente, mas, sobretudo, interior, alimentada por uma intensa espiritualidade e união com Deus, ela, que acabara de perder um filho ainda jovem, em circunstâncias trágica, declarou:

Agradeço a ti, Senhor, por teres sido tão bom para comigo e ter-me dado um filho que sempre me amou, respeitou nem deu motivo de tristeza. Embora eu desejasse tê-lo vivo, sei que ele está unido ao Salvador e com ele eu me uno também. Humildemente recomendo a ti, Senhor, a sua alma.

Nesse momento, nossa querida Edwiges usou tudo o que, durante anos, havia cultivado no silêncio de suas preces, nas noites em que meditou e no recolhimento de sua consciência tomada pelo dom da caridade de Deus. Suportou, no silêncio, todas aquelas informações. Mostrou-se forte e valente diante de todos. Não deu nenhum ar de fraqueza ou de desespero diante da notícia.

Imaginem o coração de uma mãe como deveria estar. Ela não fingia estar bem, estava, de verdade, muito bem. Havia aprendido, na vida, a suportar dores e perdas. Seria essa a maior lição que poderia ter dado em vida: ser serena diante da dor e dar o testemunho de uma mãe compadecida. A serenidade está, em grande parte, associada à capacidade das pessoas de lidar com situações e com outras pessoas, de forma dócil e sem influenciar em seu próprio emocional.

Edwiges ficou serena e mais admirada pelos que estavam a seu redor. Era um testemunho de escolhas que fizera na vida. Soube gerar um filho, mas soube, também, que um dia o perderia. Somente alguém treinado no sofrimento sabe esse mistério. Edwiges viveu a vida toda cultuando e venerando esse momento; por isso não se surpreendeu com a notícia. Talvez, mais que tudo, tinha a ressurreição como norma de destinação final.

No mundo moderno a expressão "serenidade" foi traduzida por "resiliência", capacidade de se adaptar diante dos conflitos internos e externos. Nas últimas décadas, ela vem sendo apresentada como uma capacidade de ser flexível ao atribuir significados aos fatos e que pode ser desenvolvida em todo ser humano.

Santa Edwiges foi forte o suficiente para suportar os baques e dar a impressão de uma fortaleza fora do comum. Era uma mulher intensa, com certeza! Mas sua humanidade estava reduzida aos últimos fôlegos de mais uma vida que se ia de seus braços.

Seu exterior estava tranquilo, mas sua alma estava quebrada e encurvada com tantas dores e perdas. Só uma mulher de Deus poderia suportar tamanhos desencontros e, ainda, ter razão para professar sua fé no Deus providente. O perfume de Deus só pode fluir de um vaso quebrado. O quebrantamento é o tratamento de Deus, que capacita o homem a ser útil diante dele.

O justo se curva com o vento e com as tempestades, mas continua firme e altaneiro. O balançar dos problemas vai fincando a cada dia mais suas raízes no interior da terra mãe. Assim acontecia com Santa Edwiges. Era balançada pelos problemas que se lhe avizinhavam a cada instante de sua vida, mas ela ficava cada dia mais firme e com coragem de lutar. Nunca se queixou das "provações" divinas. Foi até o fim!

Era como um ferro na brasa. Foi provada. Sua dureza se desfolhava como pétalas de rosas de uma mãe compadecida e que havia investido toda a sua vida na conversão do marido e na educação religiosa de seus filhos, encaminhando-os na doutrina cristã. A vida não lhe sorria por qualquer motivo; era dura, mas Edwiges resistia como o ferro na bigorna.

Edwiges aprendia com a dor, e as perdas lhe eram pedagógicas. Uma alma macerada como a sua podia suportar os vendavais da vida como reconstrutores ao encontro com o Divino. Ia aprendendo e se fortalecendo. Sabia o quão Deus era soberano em sua vida. "Combati o bom combate, completei a carreira, guardei a fé" (2Tm 4,7). Esse apóstolo passou por grandes perdas, mas orgulhava-se de ter guardado a fé. Ele não a perdeu, não a abandonou. Creu em Deus sobre todas as coisas, venceu, superou tudo!

Já, Edwiges, idosa, desgastada pelas mortes de pessoas que amava (pais, esposo e filhos), não se encontrava em condições de administrar e manter a presença ducal nos domínios de sua família. Tomou a decisão de entregar à priora do convento, sua filha, as rendas da propriedade rural em Zawon e de doar essas terras ao mesmo convento. Percebera que a morte se aproximava mansinha como a chuva de verão; sábia, recolhia-se para o encontro definitivo com aquele que amara por opção. Queria estar mais livre ainda de todos os vínculos.

Estava preparada. Sua vida era uma lição diária. Aproveitou-se de todos os instantes para se purificar. Crescia como uma roseira nos meses de poda. Preparava-se para brotar de novo e florir... para a eternidade!

Em 24 de Agosto de 1242, dia do padroeiro da Igreja conventual de Trzebnica, Edwiges redigiu seu testamento. Nele foram citados, como testemunhas, o duque Boleslaw II; Anna (sua nora), a viúva de Henrique II; o Bispo de Wroclaw, Tomas I; o Bispo de Lubusz, Henrique; e outras personalidades da corte e funcionários[9].

Agora estava mais tranquila. Os bens materiais não mais lhes pertenciam e não precisava se ocupar com sua administração, pois estavam bem guardados com destinos certos. Eles saberiam aproveitar, de forma caritativa, da herança recebida.

No ano seguinte, 1243, Edwiges adoeceu várias vezes e, em uma delas, ficou, realmente, muito debilitada. Seu corpo frágil, devido aos longos jejuns e às longas penitências, não resistiria por mais tempo. Pediu ao monge cisterciense, Padre Mateus, para administrar-lhe a Sagrada Unção. Assim ela se preparou para a passagem desta vida para a eternidade. Desejava, mais uma vez, sentir a suavidade do sacramento dos enfermos e entregar, com antecipação, sua alma ao Altíssimo, a quem servira por tantos anos de forma despretensiosa.

Em todos os momentos de sua vida, apenas, desejava o refrigério consolador do Espírito agindo naquela serva rica e humilde. Soube aspirar, com o tempo, às riquezas de Cristo; aproveitou o melhor daquele licor consolador em momentos de torpeza. Estava repleta de alegria interior. Apenas, aguardava a busca e o encontro.

Sua alma estava radiante, como uma princesa que aguardava a chegada de seu bem-amado depois de longo período de guerra. Seus últimos instantes se aproximavam. Sua alma entrou em regozijo completo. Havia uma doçura em seu olhar, que a todos enternecia. As monjas

---

[9] Cf. Santuário de Santa Edwiges, São Paulo.

acudiram em buscas de velas para iluminar aqueles últimos instantes. Seus olhos ficaram marejados...

Entrou nos últimos momentos de sua vida; havia um misto de alegria e desespero; sua respiração se tornou mais ofegante; apertava, em seu peito, com suas últimas forças, a imagem da Virgem Maria, sua adorável companheira.

Todos se aproximaram em sinal de delicadeza, reverência e tristeza. Inclinou a cabeça em sinal de entrega. Não havia mais nada a reclamar nem pedir. Houve um silêncio sagrado a seu redor. Quase nenhum suspiro. Foi o último gesto daqueles que fizeram a vontade de Deus. Estava terminando seus instantes. Agora, era momento de entrar na esfera do Espírito. Um novo mundo se lhe avizinhava de forma...

Todos os olhos se marejaram. Era uma despedida sem volta. Apenas, agora, a lembrança amiga de um afago cheio de esperança e saudade. Ninguém ousou se aproximar para apertar seus olhos em um eterno adeus. Sabiam que era o fim... Era o começo... Seu rosto perdeu aquele pouco brilho que ainda restava e foi se tornando cadavérico na nova dimensão da eternidade. Todos entenderam. Aquela que tanto bem fizera estava, ali, quase só na solidão dos eternos e amados de Deus.

Morrer não é agradável a ninguém. É um momento único e jubiloso. Todos os olhos se arregalam para comungar do último adeus. Há tristeza, mas há desejo também. Há comunhão de infinitos que se tornam relativos para aquele momento. É tempo de apreciar que somos tão pouco diante da vida. Era a verdadeira Edwiges desfazendo de seu ser para se transformar em jubilosa esperança para seus devotos.

Ela entrava na eternidade serena e sem nada. Suas mãos estavam vazias, mas abertas ao Cordeiro. Na terra, já fizera a lição com antecipação; agora lhe restava o encontro e o último suspiro. Assim ficou deitada e inclinada em sinal de eterna adoração. Assim terminamos a vida. Quer sim ou não, inclinar-nos-emos, um dia, ao destino final: morrer e, para quem crê, ressuscitar!

No dia 14 ou 15 de outubro de 1243, por volta das cinco horas da tarde, a duquesa Edwiges da Silésia deixou este mundo e entrou no Reino dos Céus. Foi uma festa; acolhida pelos anjos que tanto a ajudaram em vida e, agora, consolavam-na junto ao Pai. Dois dias depois, em 16 de outubro, ela foi sepultada na Igreja conventual de Trzebnica, que ela e seu marido, Henrique I, haviam mandado construir e onde sua filha Gertrudes exercia a função de priora.

Algum tempo depois, a priora recebeu das autoridades eclesiásticas da Ordem dos Cistercienses em Clarivaux a permissão de comemorar solenemente o aniversário da morte de seu irmão, Henrique II, de seu pai, Henrique I, e de sua amada e santa mãe, Edwiges, Duquesa da Silésia.

Conta sua história que ela amava muito Maria, por isso sempre carregava uma pequena imagem da Virgem em suas mãos. Quando morreu, em 1243, foi impossível tirar a imagem de suas mãos. Anos mais tarde, quando foram transladar seu corpo, encontraram a imagem empunhada e os dedos que a seguravam incorruptos. Aquela que amara não a abandonou no instante da morte... Agora e na hora de nossa morte. Amém.

2. SUA DEVOÇÃO NO BRASIL

O Brasil é um país cheio de religiosidade e devoções das mais diversas formas, gostos e necessidades. Em todas as religiões, todos os cultos e espaços, existem um apelo religioso a ecoar diariamente. Em geral, tudo em nome das carências humanas, pois são grandes e diversas. Embora alguns do contra desejassem um Brasil, apenas, laico, não conseguiram debelar a fé popular existente nas pessoas das classes menos favorecidas.

Para compreender esse "fenômeno" basta observar a quantidade de igrejas que surgem a cada instante. Cada uma com um apelo novo e sem sobriedade alguma diante daquilo que parece óbvio. Toma-se, desordenadamente, o nome de Deus em vão e apelam às mais diversas formas de tipos de milagres e de curas.

Até os políticos embarcaram nesse tema. Imediatamente, começaram a falar de Deus e visitaram os templos religiosos, fazendo defesa ao evangelho, citando versos bíblicos para agradar a população menos avisada. Recebem ainda bênçãos das mais diversas igrejas. O nome de Deus virou moda nas campanhas de 2018.

Parece que a Igreja católica também não fica distante dessa realidade aberrante com a promoção dos diferentes "cercos de Jericó"; as chamadas "missa de cura e de libertação"; enfim, cada um tenta se ajeitar, de sua forma, uma maneira de promoção em suas igrejas e paróquias.

Hoje, Santa Edwiges é venerada em grande parte do mundo, como a protetora dos pobres, dos excluídos, dos presos e dos endividados, sendo seu dia comemorado em 16 de outubro.

Vamos a algumas palavras sobre sua devoção em terras brasileiras. Certamente, não pretendemos descrevê-la, historicamente, pois não é esse nosso objetivo nem temos materiais para reforçar nossa proposta. Queremos aliançar esse devocional e estimular seus devotos a se voltarem com mais interesse a sua Santa de devoção/estimação.

De certa forma, se pudermos, desejamos purificar o devocional compreendendo sua realidade de forma madura e sem aqueles interesses ingênuos, que, infelizmente, vemos por aí. Nosso livro intenta reparar sua figura, sua história e seu caminhar cheio de altos e baixos e desafiadores, como sempre.

Santa Edwiges é uma santa tipicamente urbana. Agrega-se a ela São Judas (dia 28) e Santo Expedito (dia 19), ligados às necessidades econômicas das carências do povo e suas consequências. Existe um *marketing* montado sobre o culto e divulgação de sua devoção, de modo especial, em todos os dias 16 de cada mês.

Os "santinhos" trazem um apelo de busca por essa santa; estimula o fiel a essa procura. Até apela-se: "mandei publicar um milheiro dessa oração por uma graça recebida", anota o interessado. Isso, de certa forma, atiça o devocional. Alguns apelam de forma irracional para mostrar sua tolerância na vida do devoto.

No santinho lê-se: "Se você está com algum problema de difícil solução, peça ajuda a Santa Edwiges. Ela é a protetora dos pobres e endividados. Em todo o mundo, as pessoas sempre conseguem resolver seus problemas de ordem financeira, graças à intercessão de Santa Edwiges junto a Nosso Senhor Jesus Cristo".

Os apelos caminham por esse trilho de proposta. De nossa parte, não podemos dizer que esse seria um bom caminho do devocional edwigiano. Existe outra forma sadia e menos invasiva de se divulgar a devoção. A forma mais contida parece não surtir mais ou muitos efeitos.

As carências econômicas do povo crescem a cada dia. A visita aos templos dedicados a Santa só aumenta a cada ano. Uma fiel assim se declarou: "Conversei muito com a santa, pedi que ela me ajudasse com os problemas financeiros e que minha filha pudesse voltar ao mercado de trabalho". Contou que também fez um pedido que vai além das dificuldades familiares: "Rezei muito que o Brasil saísse dessa crise, que nossos governantes abandonassem a corrupção e que o povo não saísse mais prejudicado com isso".

Os pedidos e interesses sempre caminham por esse viés. Normalmente, na ordem familiar, e, poucas vezes, evidencia-se o social e o político como causa promotora da maioria das dificuldades sociais do povo. Mas esse não é o foco e o interesse principal.

O devocional, em geral, chama atenção ao aspecto da consciência mágica da fé: o insistente pedido causar um efeito de cura no devoto. Esse aspecto deve ser valorizado em vista de que a maioria dos quebra-cabeças, na ordem da saúde, é resultado da enxurrada de problemas emocionais não resolvidos.

Nesse devocional vamos destacar dois aspectos, intrinsicamente conectados, de forma a criar inúmeros problemas em sua compreensão. Com isso, aparecem aqueles que, simplesmente, não acreditam nas devoções e outros que supervalorizam o devocional sem, ao menos, saber do que se trata.

1. A reflexão vai, mais ou menos, por aqui. O "ingênuo" tende a não se aprofundar na causalidade do próprio fato, a prender-se ao passado, a aceitar formas de comportamentos massificados, a ser impermeável às investigações, a ignorar as concepções científicas, a demonstrar fragilidade nas discussões dos problemas, a ser polêmico sem pretensão de esclarecimento, a ter um forte conteúdo passional e a não acreditar na mutação da realidade.

Na maioria dos devotos, encontra-se essa fragilidade devocional. Isso devido a uma falta, imensa, de catequese. Em geral, fazemos aquela catequese paroquial que não toca nos assuntos que envolvam a espiritualidade devocional. Os catequistas não conduzem as crianças ao devocional aproveitando aqueles momentos de religiosidade tão comuns em nossas comunidades. É preciso levar as crianças a participarem e refletirem sobre aquilo que viram. Quando não se educa para espiritualidade devocional, vamos perdendo as oportunidades e deixando-nos levar para uma espiritualidade sem vida.

Em geral, a religiosidade caminha por esta via: a ingenuidade dos devotos. A maioria das pessoas procuram os espaços devocionais por causa dos apertos da vida; uns poucos procuram por uma convicção serena de fé.

A devoção excede a utilidade emergencial do santo. Ser devoto porque se crê na "comunhão dos santos" poderia bastar ao devoto.

2. Já o "crítico" não se satisfaz com as aparências; reconhece que a realidade está em constante transformação; é bastante cauteloso quanto às descobertas; não se deixa levar pela aparência; busca princípios autênticos de causalidade; e está sempre disposto à revisão e a questionamentos.

Com isso em vista, vamos enfrentando os desafios daqueles que caminharam um pouco mais contra os que se estacionaram em uma concepção de fé interesseira ou personalizada. São, infelizmente, os dois caminhos e modos de se entender a religiosidade brasileira. O catolicismo popular trouxe esse modo de enxergar a "fé" religiosa a partir das devoções.

Nem precisamos nos aproximar de Paulo Freire, que diz que o ingênuo tem forte conteúdo passional. Sua discussão é feita mais de emocionalidade do que de criticidade; não procura a verdade; trata de impô-la e procura meios históricos para convencer com suas ideias [que fique claro que Paulo Freire se refere à questão da educação e educador, in *Educação e Mudança*].

Santa Edwiges tem "um público" cativo de fiéis. Fato mais notável é devoção a ela nas capitais e cidades maiores do Brasil, onde se concentram, também, as maiores dificuldades do povo, mormente de migrantes e de bairros mais carentes da periferia.

Não sabemos se Edwiges era devota de algum santo, apenas que sua espiritualidade era centrada em Jesus Cristo, na prática de adoração ao Santíssimo Sacramento e na devoção a Nossa Senhora.

Edwiges poderia não ser devota, mas vivia sob o encanto da vida de um grande Santo da Idade Média: São Bernardo de Claraval, fundador da Ordem dos Cistercienses de Estrita Observância. Como São Bernardo, Edwiges lia com atenção e devoção os relatos da Paixão e Morte de Jesus e incentivava a devoção a Nossa Senhora. [10]

> O amor não busca outro motivo e nenhum fruto fora de si; ele é seu próprio fruto, seu próprio deleite. Amo porque amo; amo para poder amar" (*São Bernardo de Claraval*).

O período posterior a seu nascimento foi rico de grandes santos da Igreja: Francisco de Assis (1182-1226) e São Domingos de Gusmão (1090-1221). Este foi o promotor da oração do rosário. De certa forma, podemos afirmar que Edwiges não tinha o costume de rezar o rosário, pois isso não era habitual em sua época. As santas místicas

---

[10] São Bernardo de Claraval. Nascimento: 4 de dezembro de 1090, em Castelo de Fontaine-Lès-Dijon, Borgonha. Morte: 20 de agosto de 1153 (63 anos) em Claraval, na moderna França. Canonização 18 de janeiro de 1174 por papa Alexandre III. Festa litúrgica 20 de agosto. É também o compositor ou redator do hino "Ave Maris Stella" e da invocação: "Ó clemente, ó piedosa, ó doce Virgem Maria" da oração "Salve-Rainha".

nasceram bem posteriormente. Exemplo: Santa Catarina de Sena (1347-1380) e Teresa D´Ávila (1515-1582).

Buscar a fonte de onde ela bebeu a sabedoria é uma tarefa difícil. Apenas podemos arriscar três ideias: a educação de sua família e o discernimento das monjas com quem vivera cerca de seis anos; os estudos das Sagradas Escrituras; e, por último, os questionamentos a seus diretores espirituais que eram homens sábios na direção das almas.

De certa forma, parecem poucos os argumentos, mas eles são suficientes para ter uma vida ativa. Não estava presa aos exercícios conventuais, por isso deixava o convento para servir sua casa, o palácio onde morava. O que hoje alegamos por "discípulos missionários" ela já o fazia alguns séculos.

Permanece para todos os seus devotos a necessidade de se corrigir aquilo que não ficou bem para o devoto de Santa Edwiges, o qual deve pedir, sim, a sua santa de devoção, mas ter o critério de imitá-la naquilo em que pautou sua vida. Devoção e imitação são duas condições inalienáveis que o devoto tem de ter em mente.

Santa Edwiges é uma das poucas santas que pode oferecer um "cardápio" de opções variadas sobre sua imitação e comparação como genuína cristã. Apenas necessitamos estar mais atentos a sua história de vida, recheada de bons princípios; conhecer sua história e imitar suas virtudes.

Santa Edwiges traz um bálsamo novo para as mazelas do povo. Sua devoção é para suavizar o peso das dificuldades encontradas na vida. Ela é uma santa completa naquilo que tange às dificuldades: financeira, opção de vida, espiritual, familiar etc.

3. EM BUSCA DA PROSPERIDADE FINANCEIRA

Continuamos em busca da compreensão da vida de Santa Edwiges. Todos, certamente, olham-na de forma a se resolver as pendengas financeiras de seus devotos. Poucos, no entanto, interessam-se em conhecer sua história que foi marcada por várias situações de delicadeza e de incertezas.

Essa é a característica que mais marcou sua trajetória de cristã voltada às necessidades do povo. Ela mesma foi "vítima" de conflitos interiores que, aparentemente, não nos parecem significativos. Pessoalmente, desejava servir a Deus na castidade consagrada, mas sua história caminhou, humanamente, por outro caminho. Compreendeu esse passo e soube viver na obediência a sua vocação como esposa de Duque Henrique I e mãe. Seu casamento e a criação dos filhos não foram obstáculos para o exercício da caridade. Ela, como ninguém, soube equilibrar esses episódios.

Parece-nos que ela, inicialmente, sublimou sua afetividade em favor do cuidado dos mais empobrecidos de seu ducado; soube dar tempo ao matrimônio para não entrar em conflito com seus pais e esposo a quem amou com muita ternura. Era uma esposa exemplar e uma mãe acima de toda suspeita. Era uma mulher sábia e, acima de tudo, obediente ao plano de Deus; soube esperar. Não protelou sua vocação. Entendeu que, um dia, Deus iria cobri-la com seu manto. Poderia demorar, mas o servo não pensa em tempo, mas na opção. Deus não falha no chamado e dá a condição indispensável.

Parece que Edwiges já trazia, na alma, esse caráter de interesse pelos pobres. As pessoas nascem com algumas propensões de bondade que parecem exclusivas de alguns privilegiados. É certo que tivera uma vida cercada de cuidados, de espiritualidade e de bons exemplos oriundos de sua casa, de sua família. Seu ambiente familiar foi decisivo na formação de sua personalidade. Certamente, é, apenas, uma observação, pois não reside aqui um caráter científico.

Vivemos em busca de melhores dias para todos. Todos desejam um lugar mais ameno ao sol, com condições elementares de uma vida digna, embora alguns só pensem em seu bem-estar pessoal. Nesse sentido, é bom ter Santa Edwiges como nossa consoladora e protetora. Buscar nela um referencial de vida comedida. Ela nos dá os elementos indispensáveis para um exame de consciência de caráter social.

Qual é o caminho ou processo de busca? Pois bem. Primeiramente, em Jesus Cristo. Depois, vamos refazer o caminho que passa por Santa Edwiges. Assim fazemos com nossos devocionais. Não existe milagre. O milagre é buscar Jesus por meio de seus santos amigos, que nos vão dando algumas indicações. [11]

---

[11] Há vários livros que escrevemos sobre a vida de alguns santos. Apenas citando: *Santa Rita* – o Deus do possível (Editora A Partilha); *São José* – o lírio de Deus (Paulus Editora); *Santo Expedito* – o santo das causas perdidas (Editora Santuário); *Santa Luzia* – o brilho de uma luz (Paulus Editora); *São Longuinho* – três pulinhos de fé (Editora Santuário). Estamos nos propondo escrever sobre Santa Cecília, São Judas, os Santos Cosme e Damião e outros.

Muitas vezes, as pessoas, por pressa ou muita carência, atrapalham o caminho e perdem a seta que indica o Senhor como a fonte da vida e passa por cima do sinal. Existem muitas histórias malsucedidas pela busca desenfreada e desesperada desse caminho de encontro.

Em tempos de crise a solução seria pensar em prosperidade. Muitas igrejas assim procedem em busca de pessoas desprevenidas e ingênuas, mas que, no aperto, apelam para tudo aquilo que possa lhes trazer certa paz e consolo espiritual. Chegam a "vender a alma" para encontrar uma resposta; investem tudo naquela proposta em busca de uma saída mais fácil e cômoda.

A maioria de nós cresceu, então, com uma sensação de instabilidade, medo e preocupação. A crise financeira do Brasil afetou nossa estabilidade. Uma sensação de que nós nunca conseguiríamos ter uma vida próspera atingindo nossos objetivos financeiros. Infelizmente, a situação do COVID-19 levou muitas pessoas ao desespero e a perder suas rendas. A chamada quarentena provocou muito isolamento e muitos problemas na ordem psiquiátrica.

Vemos programas de crentes e de alguns padres, "estimuladores" da fé, que colocam e objetivam interesses em se ficar rico, apenas acreditando em suas propostas alvissareiras. Aparecem os testemunhos para cativar as pessoas incautas ou desesperadas que fazem de tudo para aceitar aquelas propostas. Os preletores da prosperidade são ousados, pois o descabido se faz necessário.

Muitos colocam esta questão: por que alguns evoluem e crescem, financeiramente, apesar da crise e outros ficam à margem ou sucumbem? A mente da minoria está sempre focada nas oportunidades, na abundância e nunca nos problemas. Isso não quer dizer que elas não tiveram problemas, apenas se concentravam e direcionavam suas energias para as soluções. Nesse momento não é fácil tomar uma decisão que vá ao encontro da minoria.

É o que explica André Lima:

> Nossa mente é uma máquina incrível! Ela consegue encontrar tudo aquilo que damos importância, tudo aquilo que direcionamos nosso foco. Se seu foco é a crise, a escassez e a falta de oportunidades é isso que sua mente vai fazer você enxergar cada vez mais.

Quando ligamos a televisão, o rádio ou abrimos o jornal, o noticiário é sempre quase o mesmo. No ano de 2020, os meios de comunicação diziam que teríamos grandes problemas no Brasil: escândalos de corrupção; arrocho econômico; inflação; vamos juntos olhar para a vida de José, filho de Jacó, como ele sonhou, atravessou muitas provações, perseverou e prosperou em tempos de crise[1]. Nesse caminho, vamos construindo nossa passagem ao encontro das soluções dos problemas. Certamente, eles aparecem e somem! Em geral, não ficam para sempre. Acontece que, na maioria das vezes, só nos damos conta da luz no final do túnel. É mais complicado!

Se você quer viver a prosperidade, que vem de Deus, tenha um estilo de vida santo (Hb 12,14), tenha coragem

---

[1] Cf. *Prosperando em tempos de crise*. Gn 39,1-5.23; 41,49-52

de ser diferente e compromisso com Deus para fazer diferença. A mulher de Potifar era promíscua, seduzia, convidava José para se prostituir; todos os dias, ela levava um não (Gn 37,7-12). José tinha coragem de dizer não, de ser santo, de ser diferente; tinha compromisso com a santidade, tinha o temor de Deus (Gn 39,9). Imaginem se ele vacilasse... sua vida teria sido um desastre!

Nosso livro ensina a buscar Santa Edwiges e aprender com ela esse processo de busca do Senhor. Temos observado que ela buscava Deus desde a infância. Quando criança, procurava a igreja para ficar ao lado do sacrário em adoração a Jesus eucarístico. Ela também procurava, em Nossa Senhora, um referencial de discípula obediente à Palavra de Deus.

Às vezes, vamos ao pecado ou aos conflitos de forma espontânea ou forçados e, depois, não sabemos encontrar o caminho de volta, pois ele ficou distante e inacessível. No mês de julho de 2018, contemplamos a cena daquele grupo de 12 meninos jogadores – *Javalis Selvagens* – que foram a um complexo de cavernas da Tailândia e, depois, devido à inundação, causada pela chuva, não encontraram mais o caminho da volta. Tiveram de esperar o resgate que seria quase impossível.

O capitão do time, apesar de jovem, foi um monge tibetano. Aprendeu a virtude da paciência e da superação dos limites humanos. Assim fizeram. Por sorte, apareceram alguns mergulhadores... Eles, devido à situação de perigo, foram sinalizando o caminho com uma corda e, assim, encontraram o caminho da volta!

Muitas pessoas, em busca da felicidade, acabam fazendo qualquer coisa para conseguir a realização de seus sonhos. Podem pensar assim: "Não deixem que lhe façam pensar que você não é capaz de fazer algo porque essa pessoa não consegue fazer. Se você deseja alguma coisa, se quer realmente, lute por isso e ponto final".

Certamente, esse é um caminho, mas não é "o" caminho único para se buscar a felicidade. Alguns se perdem, outros se atropelam nas pedras e ficam machucados. No desespero buscam, enfim, a saída em qualquer porta que lhes possam indicar uma solução.

Na questão sobre Santa Edwiges, não podemos apelar como se ela fosse "qualquer coisa" ou uma "santa" qualquer. Ela é muito especial a seus devotos. Tem uma história que nos ensina a reproduzir, no dia a dia, seu caminhar de encontro. Ela passou por inúmeros vales de sofrimentos, tristezas e desencontros.

O santo não fica imune de conflitos interiores e exteriores. Passa pelos vales dando saltos, como vitorioso atleta. A vida espiritual é, diversas vezes, comparada a esportes, principalmente, envolvendo corrida e luta. Em 1Cor 9,24-25, Paulo compara a vida cristã com uma corrida no estádio. Certamente, ele estava fazendo referência aos jogos olímpicos da Grécia Antiga. Por mais que se esforçassem e vencessem, os prêmios recebidos pelos atletas eram, apenas, coroas feitas de folhas de oliveira (por isso, ele diz que são coroas corruptíveis e as comparam com as coroas desta vida).

Muitos, no desespero, perdem seu referencial. Alguns dispensam Cristo, e outros nem imaginam o que poderá vir a sua frente; caso típico dos usuários de drogas e de outros entorpecentes fatais para a saúde e a vida de seus usuários.

Jesus, em sua caminhada na terra, dizia coisas assim: "Tenho-vos dito isto, para que em mim tenhais paz; no mundo tereis aflições, mas tende bom ânimo, eu venci o mundo" (Jo 16,33) e apela para se buscar nele o refrigério para a alma cansada (cf. Mt 12). Podemos procurar paz e descanso em vários lugares: no dinheiro, na fama, nos amigos, no misticismo, na filosofia, na educação. Mas nada disso nos dá o descanso perfeito. Somente Jesus tem aquilo de que precisamos.

Jesus nunca falha. Todas as outras coisas passam, mas Jesus é eterno. Ele é o único que pode preencher o vazio em nosso coração. Jesus é o único caminho para Deus. "Venham a mim, todos vocês que estão cansados de carregar suas pesadas cargas, e eu lhes darei descanso" (Mt 11,28).

Alguns, na busca da prosperidade financeira, esquecem-se de Deus ou o colocam de lado. Essa corrida tem tirado muitas pessoas de seu sossego e de sua paz de espírito. Santa Edwiges tinha todas as condições para dispensar Deus de sua vida, no entanto não o fez, pois tinha a certeza de que precisava, a cada dia, ficar mais fortalecida diante do Senhor para enfrentar os desafios que viriam pela frente.

Sua condição de duquesa não tirou a alegria diante das bravatas da vida. Nos piores momentos, estava com a alegria nos lábios e, como discípula, sábia e obediente, conseguia dar uma palavra de alento e de conforto àqueles que sofriam as intempéries da vida. Só uma alma calibrada no sofrimento poderia suportar as desditas de seu tempo. Edwiges era a mulher do coração dilatado de amor pelos que sofriam. Praticamente, adivinhava o sentimento de dor que corta e mata as almas.

Ninguém nunca soube onde ela buscou aquele entendimento a não ser pela graça divina. Era muita sabedoria se derramando em seu coração de mãe, esposa, viúva e duquesa. Era muita virtude para uma só mulher, mas era aquilo que fazia...

Adendo: a saúde financeira

Há um tempo escrevemos esse artigo em função da reflexão sobre as necessidades financeiras e algumas orientações para a comunidade paroquial. O devoto de Santa Edwiges, em geral, aproxima-se dela para pedir ou implorar um auxílio divino. Vamos propor, nesse adendo, alguns caminhos de reflexão.

Não é errado nem pecado implorar o auxílio de Santa Edwiges por ocasião de alguma dificuldade, mas necessitamos de algumas orientações. Em geral, o devoto vai a Santa Edwiges de forma ingênua. É preciso entender que: uma vida, materialmente próspera, não é fruto do acaso, mas sim de uma mente estruturada com crenças, valores, estratégias, planejamentos e comportamentos prósperos.

Nem Santa Edwiges sofreu dessa tentação de achar que Deus podia lhe dar tudo que desejasse. Ela soube investir e doar. Apendeu com Jesus que é "dando que se recebe". Quem não faz esse exercício acaba perdendo o referencial de vida e cai na armadilha de uma vida fácil e sem dificuldades. Na natureza é assim, você doa, investe para receber em troca os resultados.

A vida é cheia deles. É preciso aprender a dar para receber. Acontece que, quando a pessoa está afundada em dívidas, questionamentos e crises, dificilmente, pensa-se na caridade. Acha que Deus tem de vir em seu socorro!

O devoto não apenas pede ajuda a sua santa, como também se propõe tomar algumas medidas para se auxiliar naquela dificuldade que, maiormente, é questão de se organizar melhor. Uma vida desorganizada não poderá ter um final feliz. E, certamente, nem a santa irá auxiliar. A devoção nos orienta em busca do caminho certo.

Uma mente favorável à prosperidade (sem aqueles absurdos da teologia da prosperidade), naturalmente, vai gerar e captar oportunidades. Com treinamento adequado, as capacidades podem ser desenvolvidas por qualquer pessoa, gerando excelência financeira e patrimonial crescente. Aqui entra a questão do exercício constante e o cuidado com os negócios malfeitos.

O devoto de Santa Edwiges não somente lhe pede uma graça, como também se esforça em contribuir com seu próprio crescimento material. Falamos, acima, a respeito da consciência ingênua que poderá gerar devotos descompromissados com seu crescimento pessoal. Esse capítulo nos estimula a essa reflexão.

No treinamento "Saúde Financeira", por exemplo, apresentamos uma programação completa para seu desenvolvimento financeiro. Entendemos que, para ter uma vida plena, financeiramente, você deve desenvolver algumas características, tais como:

1. Ter mente e comportamentos favoráveis ao enriquecimento.

A grande maioria das pessoas cresce influenciada por hábitos, crenças e valores, que, adquiridos de sua família ou da sociedade, acabam se instalando na mente como programações limitantes e inconscientes, que terminam sabotando continuamente seu sucesso financeiro. São pessoas que não têm pretensão de crescer e vivem apagadas com a mesmice. A maioria delas perdeu o interesse em crescer e se programar para dar valor a suas ações e seus negócios.

Alguns vivem sem "ambição", sem desejo de vencer e alegam que seja, sempre, pecado porque assim ouviram em alguns sermões de padres. Certas pregações não contribuem com o crescimento das pessoas. Parece que todo desejo de crescer é, simplesmente, pecado. Com isso instalado, as pessoas se acomodam e não lutam por dias melhores.

Essas são as causas ocultas de padrões repetitivos de insucessos financeiros ou da incapacidade de se acumular um capital significativo e saltar de patamar, mesmo ganhando-se bem.

2. Compreender o funcionamento do dinheiro e a importância de um bom planejamento financeiro.

O brasileiro não foi educado financeiramente e, não sabendo administrar seu dinheiro, constantemente, acaba se afundando em dívidas e parcelamentos de longo prazo. A falta de se olhar o futuro com mais atenção causa desequilíbrio nas contas pessoais e familiares.

O *Planejamento Financeiro* não se reduz a acompanhar os gastos diários, cortar gastos desnecessários e saber, no fim do mês, quanto se ganhou ou o que se fez com o dinheiro. Essas tarefas se tornam "desmotivantes" se não estiverem atreladas a sonhos e objetivos. Um pouco de ambição, nesse momento, não faz mal.

O problema é que quase sempre vemos retratados em novelas, filmes e seriados aqueles personagens frios e malvados, que fazem de tudo para alcançar seus objetivos pessoais sem se preocuparem com familiares e amigos. Não, dificilmente, associamos a ambição cega e desenfreada a esse tipo de comportamento.

> Mantenha-se afastado das pessoas que tentam depreciar sua ambição. Pessoas pequenas sempre fazem isso, mas as realmente grandes fazem você sentir que você, também, pode se tornar grande [*Mark Twain*].

Por isso, dentro de um Planejamento Financeiro, deve haver um plano de *Qualidade de Vida*, contemplando o que se quer conquistar em bens ou serviços – como, por exemplo, a aquisição da casa própria, trocar de carro, garantir a faculdade dos filhos, ter um bom plano de aposentadoria, fazer a viagem de férias com a família, garantir e programar um futuro mais rico – e calculando quanto tempo deseja fazê-lo. Assim o planejamento torna-se algo estimulante, prazeroso e começa a valer a pena.

Toda essa estratégia deve começar cedo. A maioria acaba descobrindo bem mais tarde quando os problemas se engordaram. E, nesse momento, inicia a fase do regime de contenção de gastos. Observaram que Santa Edwiges não fez uso de seu dote em função, certamente, de seu futuro. Sabia que, com ele, poderia fazer muita caridade para aqueles que passavam por grandes dificuldades. Podemos afirmar que ela foi uma excelente estrategista em seus negócios.

Ela e o marido foram pessoas que sabiam administrar suas economias. Fizeram reservas para o futuro! Hoje, certamente, não faríamos, a não ser com aplicações bancárias. Enfim, economizar é uma sabedoria na administração. Mais ou menos assim: não gaste mais do que ganha; crie metas ou objetivos financeiros; defina limites para gastos variáveis; compre à vista; use a tecnologia para gerenciar suas finanças; guarde dinheiro para investir; reinvista todo o rendimento; e tenha cuidado com cartão de crédito.

A nova situação do Brasil e do mundo, no tocante ao coronavírus, fez as pessoas pensarem duas vezes antes de tomarem decisões precipitadas e desconexas com sua realidade. A economia, o emprego e certas seguranças que, antes, eram tidas como normais, fizeram retroceder a opção. Conforme surgiu no jornal: "Além dos efeitos na saúde da humanidade e do óbito de milhares de pessoas no mundo, a pandemia afeta cadeias globais de suprimentos, derruba Bolsas, interrompe produção, cancela eventos no mundo todo e eleva temores de uma recessão global".

Em geral, pensamos que os santos só rezam e ficam pedindo, a vida inteira, a Deus que os abençoe e os ajude a prosperar em suas empreitadas. Temos inúmeros exemplos de santos altivos e "bons negociadores". Poderíamos indicar, como exemplo, Santa Teresa De Ávila, Santa Teresa de Calcutá, Irmã Dulce como mulheres altamente competitivas em seus negócios em função do Reino. Santa Edwiges não fugiu à regra das mulheres bem-sucedidas em seus negócios. Hoje, chamamos esse procedimento de empreendedorismo.

3. Compreender as opções de investimento, como e onde as investir, atreladas a seu plano de *Qualidade de Vida*.

Entender o funcionamento do dinheiro e as opções de investimentos disponíveis no mercado, seja renda fixa ou variável, é mais simples do que possa parecer. Isso fará com que seu plano de qualidade de vida seja turbinado e lucrativo.

Saber onde e como investir seu dinheiro garante a conquista de seus objetivos de maneira mais rápida, certeira e vai lhe proporcionar um futuro altamente promissor. Mas é necessário conhecer, antes de começar a investir. E não delegue ao banco as escolhas que você deve fazer para construir o futuro de seus sonhos; sabendo fazer as contas, você verá que eles cobram caro por isso.

Enfim, podemos acertar na vida, como dizem as pessoas. Mas parece que alguns não conseguem se acertar; vivem sempre em dificuldades. Acreditamos que algumas pessoas não conseguem se planejar e vão vivendo uma vida de pessoas desgastadas pelo tempo e pelas intempéries da vida. Outros culpam o destino ou coisa semelhante à sorte.

A vida é repleta de segredos e de mistérios curiosos. Acreditamos que isso tem haver com as estruturas de família. A grande maioria das coisas aprende-se em casa. A casa é a grande escola que nos ensina coisas importantes e as triviais.

Alguns vêm lá de baixo, das periferias, das favelas, da zona rural, dos acampamentos e conseguem acender na vida. Outros, no entanto, tendo quase tudo não saem bem no final dos anos. Não é questão de mistério. Apenas, de oportunidade e certo grau de sacrifício. Hoje, as famílias protegem por demais os filhos, que, assim, não crescem; caminham, mas crescem nanicos.

Cada centavo conta. Mantenha um monitoramento constante de todos os seus gastos e investimentos, sempre. Isso vai evitar surpresas desagradáveis e problemas com endividamento. Faça uma consulta com Santa Edwiges e verá como ser proativo diante das dificuldades. No final da vida, não jogou fora sua riqueza; fez várias doações para pessoas competentes, que sabia como iriam gerir sua fortuna.

Santa Edwiges é modelo de "investidora". Nos anos seguintes a seu matrimônio, com o esposo, investiu na segurança de seus bens para colocá-los em favor dos mais carentes de seu ducado. Aquilo que investira serviu de "know how", depois de sua viuvez. Agora, mais livre do que nunca, colocou mais afinco na luta para procurar os endividados, pagando-lhes as contas com aquilo que economizara pelos anos afora.

O devoto deve e tem de aprender com sua santa de devoção. Não foi somente uma piedosa duquesa que poderia ter feito os prazeres da corte; foi uma destemida guerreira em busca do bem-estar de seus tutelados. Certamente, serviria de modelo para os governantes, párocos, as dioceses e outras instituições dedicadas ao serviço dos pobres.

4. Uma quarta característica é a participação na *Pastoral do Empreendedor*. Hoje, alguns grupos eclesiais (paróquias) estão dando destaque ao empreendedorismo como característico de dias melhores.

Com a palavra, Pe. Joãozinho: "É uma pastoral da Igreja, com uma missão específica: cuidar pastoralmente dos empreendedores". Empreendedor é aquele que toma a iniciativa de ter um negócio próprio. É aquele que sabe identificar as oportunidades e transformá-las em uma organização lucrativa.

Como sabemos, os empreendedores frequentam nossas missas e nossos grupos, mas se encontram como ovelhas sem pastor, ou seja, sem um olhar direcionado e afetuoso. Falta-lhes, portanto, um espaço onde possam ser acolhidos e compreendidos, onde suas buscas e anseios sejam contemplados.

O empreendedor não é apenas o empresário, é também aquele que administra suas habilidades com segurança e firmeza. Pode ser a senhora do lar que aprendeu a fazer economia e lida com as diferentes realidades de sua família; o pequeno comerciante; o feirante; a cabeleireira; a lanchonete; a boleira; o dono da loja do bairro; a costureira; o vendedor ambulante etc.

Dessa forma, nasceu a Pastoral do Empreendedor, para ser um lugar de acolhida e vivência da Palavra de Deus, com linguagem e dinâmica própria do mundo do empreendedorismo. É uma pastoral diferente de uma associação de empreendedores católicos ou algo parecido, pois está ligada diretamente à paróquia e à diocese, como todas as outras pastorais, cujo modelo é o Bom Pastor, e o diretor espiritual é o pároco ou outro padre designado.

Com isso, vamos dando respaldo àqueles que passam por dificuldades financeiras e acolhendo novos membros para o enriquecimento mútuo e comunitário. A missão de pastoral: fomentar nas pessoas, com perfil empreendedor, a confiança ilimitada em Deus e a ética cristã, tendo Jesus como referência de sucesso.

Em uma visão mais simplista, podemos entender como empreendedor aquele que inicia algo novo, que vê o que ninguém vê, enfim, que realiza antes, que sai da área de conforto, do sonho, do desejo e parte para a ação.

Buscar sua bênção e proteção é, também, olhar seu modo de viver. Embora sendo duquesa, Santa Edwiges viveu na humildade. A grandeza não está nas vestes, mas nas virtudes. Precisamos aprender dela algumas lições de administração. Isso, certamente, retirará aquele foco de simples interesse por sua proteção.

Santa Edwiges tem muito há ensinar nos dias atuais. Foi, pela graça de Deus, uma administradora sem precedência para seu tempo. A religiosidade e o catolicismo popular têm de buscar esse diferencial na devoção, pois, caso contrário, caímos no mesmíssimo e vamos procedendo de forma ingênua. A vida do santo é uma lição de vida para seus admiradores.

4. A HISTÓRIA DA SANTA DA BONDADE HUMANA

Sua trajetória só foi bondade. Diz o dicionário que bondade é a "qualidade de quem tem alma nobre e generosa e é, naturalmente, inclinado a fazer o bem; benevolência, benignidade, magnanimidade". A bondade se refere às pessoas que praticam o bem, que são benevolentes, amáveis e procuram sempre ajudar os outros. É demonstrar generosidade e humanidade.

Os escritos sobre sua vida só lembram coisas interessantes e sempre, na maioria das vezes, voltadas às carências do povo. Santa Edwiges não só atendeu a essas carências, como também viveu seu "martírio", de forma silenciosa, ao perder esposo, filhos e se interessar pelos pobres de seu ducado. Foi uma mulher de oração, de contemplação e de constante adoração. Diante dos embaraços familiares, suportou tudo no mais sublime silêncio, entendendo tudo para a maior glória de Deus.

Nasceu no período medieval. Foi uma mulher que marcou sua época. De família nobre, rica, assistiu, desde a tenra idade, à miséria tomar formas diferentes nas pessoas que conhecia, amava e com as quais convivia. Nesse período, a Alemanha e, depois, a Polônia viviam conflitos econômicos, sociais e também religiosos.

Seu tempo foi marcado por penúrias, fome, doenças, epidemia. E isso modificou sua visão de mundo. Não se acomodou a seu catre de dama da corte, a seu trono de princesa; foi ao campo em busca dos mais pobres. Viveu a pobreza de forma opcional, livre e determinada.

> O Renascimento do século XII consistiu em um conjunto de transformações culturais, políticas, sociais e econômicas ocorridas nos povos da Europa ocidental. Nessa época, aconteceram eventos de grande repercussão: a renovação da vida urbana, após um longo período de vida rural, girando em torno dos castelos e mosteiros; o movimento das Cruzadas; a restauração do comércio; a emergência de um novo grupo social (os burgueses); e, sobretudo, o *renascimento cultural* com um forte matiz científico-filosófico, que preparou o caminho para o renascimento italiano, eminentemente literário e artístico.

Edwiges foi a primeira mulher, na Polônia, que seguiu o estilo de ser e viver das ordens mendicantes (não sendo religiosa). Nelas estão em evidência a ascese espontânea e a prática da pobreza voluntária. Isso levou Edwiges a assumir, com facilidade, a vida de oração com uma intensidade notável. Assim ela viveu: fiel seguidora de Cristo e da Igreja, em um mundo cheio de preocupações, contradições e tensões.

Ao se casar, preparou o esposo para o encontro e a vivência cristã. Educou seus filhos no temor do Senhor. Diz sua história que os levava, todos os dias, à igreja para assistirem ao Santo sacrifício da Missa. Era uma mãe preocupada em moldar os filhos à doutrina cristã.

Essa dimensão não pode ser esquecida pelo devoto edwigiano. Era uma mulher profundamente mística, a ponto de desenvolver todas as qualidades de discípula e mulher devotada às carências humanas. Apenas uma pessoa cheia de amor e do Espírito Santo poderia assumir, em sua vida, a contemplação na ação.

Condoeu-se do pobre, daquele que vivenciava o sofrimento humano. Não havia a necessidade de se passar pelo caminho da fome para ser ou aprender a ser generosa. Nas longas ausências do esposo, devido à guerra, e em sua atividade entre os nobres, ela visitava seus submissos. Ocupava seu tempo com a prática da caridade.

Nas visitas a seus súbitos, descobriu que os maiores problemas que as famílias enfrentavam estavam relacionados à falta de dinheiro. Lavradores, pequenos sitiantes precisavam pagar uma quantia aos proprietários da terra, onde trabalhavam, sobre a colheita que deveriam ter; normalmente, eram arrendatários de terras. Essa colheita sempre era menor que o esperado devido às intempéries do clima do lugar.

Os lavradores viviam dias decadentes e a falta de dinheiro para a sobrevivência. Sem ter como pagar as dívidas, os lavradores eram presos, e suas famílias ficavam abandonadas, sem ter a quem recorrer. Muitas vezes, as mulheres se prostituíam, para poderem sustentar seus filhos, ou vagavam pelas ruas, à mercê da quase inexistente caridade pública, sendo humilhadas e maltratadas pelos moradores que tinham condições de sobrevivência.

Edwiges se enterneceu de compadecimento. Certamente, a dor humana é cruel em todas as fases da vida e em todos os lugares do planeta. O sofrimento não tem nacionalidade, nem cor, nem religião. Era esse o clima da situação social da Idade Média, a qual praticamente toda a Europa amargou.

Assistindo à dor e à miséria humana, Edwiges, dona de um coração privilegiado para a época, pagou as dívidas dos presidiários com o dinheiro de seu dote; a quantia que foi dada em época de seu casamento. Seu marido não quis usar o dinheiro e o deixou a seu inteiro dispor, ajudando os endividados a reiniciarem sua vida.

Edwiges, no entanto, mesmo perante insistência da filha, não fez votos de pobreza, para poder continuar distribuindo sua riqueza e ajudar os mais necessitados, embora vivendo continuamente na simplicidade (franciscana) em jejum e oração. Sua compaixão era maior ainda com os prisioneiros, os pobres e os endividados e as viúvas, aos quais sempre procurou ajudar e saldar suas dívidas, já que era muito difícil a vida no século XIII.

Na Idade Média, nasceram as grandes Congregações e os Movimentos religiosos com o intuito de salvar o povo das misérias próprias daquele período e das grandes pestes que assolavam o povo. Outros problemas higiênicos contribuíram bastante para a proliferação das doenças contagiosas e incuráveis. Muitas Congregações arregaçaram as mangas nesse trabalho missionário.

O aparecimento dessas organizações facilitou o trabalho de cristianização no mundo rural. Nos tempos medievais, houve uma expansão de grupos monásticos e o aparecimento de grupos de frades mendicantes. Era uma Igreja em constante mutação.

Santa Edwiges foi uma mística no mais puro sentido da palavra. Sabia unir aquilo que São Bento dizia: "ora et labora". Certamente, aprendeu isso no mosteiro onde vivera por vários anos. O mosteiro seguia a regra beneditina e tinha como norma a prática da oração e da contemplação unida ao trabalho doméstico e do campo. Desse conjunto de vivências é que se alimentavam as monjas daquele mosteiro.

A pequena Edwiges, desde cedo, foi entregue aos cuidados de um convento para sua educação. Foi se habituando a domesticar seus hábitos. Ela voltou à casa paterna apta para assumir o matrimônio com todos os requisitos dispensados a uma dama daquele tempo. Estava madura, na mais plena acepção da palavra, embora em tenra idade; certamente, com 12 anos.

O que se sabe é que o matrimônio não estaria em seus planos. Ela fez uma "promessa" de consagrar sua virgindade ao serviço do Senhor. Entretanto, Edwiges vivia em um período em que a mulher não tinha a primeira palavra nem definia seus desejos e opção de vida. Podemos imaginar sua "decepção" ao ceder sua "vocação" de consagrada ao matrimônio. Em todo o caso, foi obediente aos pais e voltou para casa para assumir o casamento com o jovem escolhido por eles. Coisas da Idade Média.

Afinal, poderíamos nos perguntar: será que Edwiges nunca teve problemas?

A resposta seria: o que mais teve foram problemas! Sua vida não foi de facilidades nem lhe sorriu todos os dias. Vivera dias penados e cheios de conflitos. Haja vista a morte de seus filhos, a renúncia à vida, totalmente, consagrada ao serviço divino. Um martírio por obediência e dedicação pelo encontro com a vontade de Deus. Enfim, imagine um coração de mãe como se sente ao perder, em momentos diferentes, cada um de seus filhos.

Acontece que as histórias que ouvimos sobre Santa Edwiges apenas ilustram suas assertivas em busca da edificação do Reino. Parece que se esqueceu de mostrá--la como humana e mulher do sofrimento e da busca. Sua vida foi difícil por várias razões: o tipo de marido com quem se casou; o que fez para conquistar aquele homem; a perda precoce de alguns de seus filhos; a doença quando bateu a sua porta atingindo-a e também os filhos; a morte do marido; a vida austera de jejum e de penitência; enfim, uma vida dedicada ao Reino, a qual passou por várias facetas, pontes e vários vales.

Em tudo, não encontramos Edwiges chorando pelos cantos, desanimada. Sempre se pareceu forte e destemida. Tinha um desejo de continuar, apesar de tudo, e parecia que "o mundo conspirava" contra sua vida. Era uma mulher de ferro!

Fazer ou reconhecer alguém como santo não é uma questão de privilégio. A vida do santo é provada no sofrimento, entendido como bondade divina. O santo não se revolta pelos desgastes da vida. Ele caminha na esperança e sabe em quem está confiando. No dizer de Paulo: "Mas não me queixo, não. Sei em quem pus minha confiança, e estou certo de que é assaz poderoso para guardar meu depósito até aquele dia" (2Tm 1,12).

O santo pode, até, ter momentos de aridez e de desencontros, como tiveram os grandes místicos: Santa Teresa de Ávila e, mesmo, Santa Teresa de Calcutá.

Mas continua firme na jornada executando aquilo que seu coração determinou. Compreende aquilo que Paulo pregou: "Combati o bom combate, terminei minha carreira, guardei a fé. Desde já me está reservada a coroa da justiça, que me dará o Senhor, justo Juiz, naquele dia" (2Tm 4,7s).

O santo é aquele que sabe colocar em Deus sua confiança e espera, apesar de toda a desesperança; mantém-se firme e é como uma coluna de ferro. Seus problemas não o derrotam, mas sim o firmam ainda mais.

O santo não é aquele que não tem problema como alguns imaginam. São como as grandes árvores que se firmam, ainda mais na terra, com o balançar das ventanias. São os que mais problemas têm na vida. Vivem de constantes provações, e a vida não lhe facilita um instante.

Todos os santos têm seu modo de se comportar e de entender sobre a vida. Cada um é "usado" por Deus para cumprir um papel de modo a merecer sua personalidade, como podemos observar em São Francisco e Santa Rita em um tempo carregado de muitos desencontros. Santa Teresinha foi missionária dentro do mosteiro.

Edwiges não necessitou se parecer àqueles anjos para dar exemplo de virtude. Ambos foram sinais de Deus para a Igreja. Os santos são necessários, pois são como a peneira que separa os grãos maiores dos menores!

5. UMA VIDA DE ESPOSA, CELIBATÁRIA E VIÚVA

Uma marca indelével em Edwiges: ser fiel a sua vocação. Uma santa que excedeu às demais santas de então. Trazemos três características (esposa, celibatária e viúva) de sua vivência como cristã em tempos remotos. É certo, todavia, que alimentava uma espiritualidade acima de todo o entendimento e vivência de uma fé que se tornava prática a cada dia de sua vida. Intencionava o modelo monástico de espiritualidade, que não é um gesto solitário e esporádico. Deve ser constante e sempre atualizado.

A duquesa Edwiges foi educada na espiritualidade cisterciense; bebeu das fontes de São Bento quando esteve interna no mosteiro, ao longo de sete anos. Seus diretores espirituais eram monges cistercienses e formados na direção de almas que desejavam a perfeição de seus orientados.

Vejamos os três modos de existir em Edwiges:

1. ESPOSA. Toda a sua espiritualidade não a desmereceu de viver como esposa solícita. Soube integrar, em sua vida, a vocação de uma mulher devotada a seu marido. Ela era para ele uma luz de informação. Com meiguice, trabalhou a personalidade de seu marido de forma a se tornar um modelo de vida cristã.

Quando se tem marido impulsivo, não adianta esbravejar. A calma, a paciência, a ternura e a oração transformam as pessoas. Na maioria dos matrimônios, essa é a questão central dos desentendimentos, das separações e conflitos. A esposa solícita aperfeiçoa o matrimônio[2].

O homem e a mulher foram criados por Deus com igual dignidade. Deus quis que fossem uma comunhão. Juntos são também chamados a transmitir a vida humana, formando no matrimônio "uma só carne" (cf. Gn 2,24; Ef 5,21-28), e a dominar a terra como "administradores" de Deus (cf. CIC, 71).

Algumas palavras do papa Francisco, no encontro com as famílias em Manila, deram a volta ao mundo:

"Não é possível uma família sem o sonho. Em uma família, quando se perde a capacidade de sonhar, os filhos não crescem; o amor não cresce; a vida debilita-se e apaga-se. Por isso, recomendo-vos que à noite, ao fazerem o exame de consciência, fazei-vos também esta pergunta: hoje sonhei com o futuro de meus filhos? Hoje sonhei com o amor de meu esposo, de minha esposa? Hoje sonhei com meus pais, meus avós, que fizeram a vida avançar até mim?[3]"

São Josemaria dizia: "O amor que conduz ao matrimônio e à família pode ser também um caminho divino, vocacional, maravilhoso, por onde corra, como um rio em seu leito, uma completa dedicação a nosso Deus".

Santa Edwiges soube integrar, em sua vida, essa vocação de esposa e de mãe solícita às necessidades do

---

[2] Cf. Provérbios 31- *a sabedoria de uma esposa.*
[3] Manila, *Filipinas*, dia 15.1.2015.

matrimônio. Criou seus filhos no temor de Deus. Não somente lhes deu a educação proposta pelo tempo, como também, a informação religiosa que buscavam para crescerem no temor a Deus e pelo próximo. Assim ela se tornou a intercessora modelo naquilo que se refere à formação familiar.

Existem muitas misérias, incertezas e desconfortos na família, que deve voltar sua atenção para dentro de casa, como convocam as Diretrizes da Igreja (2029-2023). Uma Igreja em saída se adentra para o recinto da casa.

2. CELIBATÁRIA. Viveu a plenitude da vida matrimonial na mais plena harmonia com seu esposo. Foram 34 anos de vida matrimonial com Bertoldo I, príncipe de Salésia, na Polônia. Desse matrimônio nasceram seis filhos. Três homens e três mulheres. Foram bem encaminhados de acordo com as condições daquele tempo. Das meninas, duas faleceram, precocemente, e a mais velha foi para o convento e se tornou superiora.

Os filhos se dedicaram ao estado militar, seguindo os princípios de seu pai. Era, certamente, o que lhes reservava naquele momento. Não havia outra saída. Lutavam nas guerras "normais" do condado. Defendiam-se dos inimigos. Com isso, viviam a profissão do perigo. E foi o que aconteceu. Os dois filhos mais velhos morreram precocemente, e o mais novo faleceu depois. Todos morreram em travadas lutas contra os inimigos do condado.

Vencido esse período da criação dos filhos, propõe ao esposo viver em castidade perfeita. Desejava reviver seus propósitos da infância. Depois, de certa ressalva,

Bertoldo concordou com a esposa sobre esse voto de castidade matrimonial. Procuraram o bispo e fizeram as pazes com sua sexualidade.

Agora, os dois, consagrados para o Reino na mais plena asserção da palavra. Assim, no domingo da Paixão de 1209, em cerimônia comovente, na presença do bispo Lourenço, proclamaram o voto solene de castidade.

Desse momento em diante, Edwiges passou a morar, a maior parte do tempo, no mosteiro de Trebnitz, não integrando a Ordem religiosa, apesar da insistência de sua filha Gertrudes, que se tornara religiosa.

Edwiges submetia-se ao sacrifício de jejuns diários, pouca alimentação, apenas atendendo as necessidades do corpo. Bebia somente água, o que preocupava a todos, pois havia recomendação médica para que bebesse também um pouco de vinho. Seu corpo estava frágil devido às constantes penitencias; isso se tornou um problema para sua saúde, anos mais tarde.

3. VIÚVA. Com a morte do marido em 1238, retirou-se para a abadia de Trebnitz (Silésia – Polônia), por ela fundada, onde a abadessa era sua filha Gertrudes. A viuvez foi um novo capítulo em sua história de vida. Ela não necessitou recomeçar, pois já vivia esse processo com antecedência.

A morte é um assunto do qual ninguém gosta de falar, mas é um fato inevitável do ciclo vital e também dentro de um relacionamento afetivo. A viuvez é tão assustadora, que, na pesquisa feita em 7.6.2017 pelo "Instituto do Casal", ocupou o segundo lugar no ranking dos principais medos das pessoas que são casadas ou têm um relacionamento estável.

Edwiges intensificou os passos rumo à santidade. Vivia com o mínimo de sua renda, direcionando o restante em socorro dos necessitados. Era misericordiosa e socorria os endividados. Em certa ocasião, em visita a um presídio, descobriu que muitos ali se encontravam porque não tinham como pagar suas dívidas. Assim, Edwiges pagava os débitos de muitos e propiciava-lhes a liberdade.

Viúva, não tinha mais com o que se preocupar. Seus filhos não lhe deram nenhum neto. Agora, viúva, a oportunidade para viver mais centrada na espiritualidade da caridade social era muito maior. Assim o fez. Não perdeu um minuto sequer. Viveu, com sabedoria, a intensidade de seus últimos dias.

Edwiges perdeu seus filhos em lutas e batalhas ao longo dos anos. Sofria muito por isso, mas, igualmente, aceitava com verdadeira conformidade cristã. Idosa, com seu coração já bastante cansado, viu-se obrigada a ir para a cama e não mais levantou. Edwiges faleceu no Mosteiro de Trebnitz.

Ela integrou, em sua vida, estes três modos de existir: esposa, celibatária e viúva. Em todos esses momentos, foi original. Aprendeu, como ninguém, a integrar essas qualidades de forma a se distinguir em seu caminho de santidade. A cada santo Deus lhe dá um sentido de entendimento.

São as características próprias de sua vida e caminho de santidade. Ela se vestiu dessas condições para servir a Deus na mais plena honra de filha. Ela serve de modelo para os devotos edwigianos a se inspirarem nessas virtudes e assumirem os valores do Reino.

Morreu no dia 15 de outubro de 1243 e foi canonizada em 26 de março de 1267, pelo papa Clemente IV. Após os funerais, seu corpo foi colocado na igreja conventual de Trebnitz, que se tornou um local de grande peregrinação. Em curto intervalo de tempo, sua fama de santidade ultrapassou os confins da Silésia para difundir-se em todos os países vizinhos. É reconhecida como padroeira dos pobres e endividados.

6. SANTA EDWIGES: A COROA DOS POBRES

Edwiges é o esplendor de Milanea, que, naquele tempo, pertencia ao assim denominado Sacro Império Romano-Germânico. A cidade se encantava e se orgulhava de sua santa filha. Depois de casada foi morar na Polônia. Desde sua chegada à Silésia, procurou conhecer as condições de vida desse povo e pôde observar a carência por que muitos passavam. Sempre que podia ajudava a todos e procurava, junto ao esposo, dispor de benefícios e favores para aquela gente sofrida.

De seus bens fez uma poupança de atendimento às famílias mais carentes. Tornou-se, com isso, a coroa dos pobres. Ela era um socorro sempre bem-vindo. Poucos, naquela época, aventuravam-se em ajudar os mais pobres e necessitados.

Sua vocação nasceu na família. Ali, procurou viver seu projeto inicial de vida; depois, foi estudar no Mosteiro e, posteriormente, com o casamento, iniciou um "novo" projeto de vida, sempre tendo em vista a castidade e o serviço aos pobres.

Em alguns escritos, afirma-se que ela era virtuosa desde sua infância. Quando criança, apiedava-se dos pobres que apareciam às portas da casa paterna. Era solícita com eles e sempre conseguia encaminhá-los para o bem, dando-lhes do melhor que tinha.

Seu coração a cobrava de forma constante. Por ocasião do casamento, podia demorar, por um tempo, seu projeto de castidade matrimonial, mas os pobres, jamais.

Podemos admirar Edwiges como a santa da paciência. Soube esperar pelo tempo e pelas demoras. Não atropelou sua vocação cristã. Aprendeu com a vida que a espera é o melhor caminho do encontro. Deu tempo ao tempo e ele, seu companheiro, soube esperar.

Parece que eles – castidade e os pobres – acompanharam-na a vida toda. Do alto de sua riqueza, soube olhar para baixo e avistar os empobrecidos de seu ducado. Ela era de família abastada, nem por isso se isolou em seu egoístico conforto de vida e não se importou com os pobres.

Os pobres sempre estiveram presentes em sua vida de menina burguesa. Ela era uma verdadeira política, no dizer de nossos dias atuais. Seu casamento com o príncipe polonês não lhe tirou a liberdade de continuar sendo a coroa dos pobres da Polônia. Sua figura pública, como duquesa (*primeira dama*), demandava certo grau de distanciamento social devido a seu status. Mas isso não a impediu de se tornar uma socorrista na mais pura expressão da palavra.

Muitos atribuem desculpas por afazeres devido a sua família. Acham que devem cuidar antes da família e, depois, das demais demandas da vida, da comunidade. Edwiges tinha outro olhar de atenção. Dava conta da família e do cuidado com os pobres. Apenas uma questão de interesse e de convicção religiosa. Não se deixava vencer pela falta de tempo ou de desatenção aos pobres e desvalidos da vida. Era uma presença sem a necessidade de que a buscassem para seu socorro.

Ela ia a campo em busca da ovelha para agraciá-la com um regalo de esperança. Trazia em si o que o papa Francisco chama de "Igreja em saída". Refere-se ao estado de ânimo dos discípulos missionários que se dispõem a anunciar o Evangelho em diversos contextos e diversas circunstâncias. Vale observar as palavras de Francisco: "E que o mundo de nosso tempo, que procura ora na angústia ora na esperança, possa receber a Boa Nova dos lábios, não de evangelizadores tristes, impacientes ou ansiosos, mas sim de ministros do Evangelho, cuja vida irradie fervor, pois fora quem recebeu primeiro em si a alegria de Cristo".

Hoje, o papa Francisco propõe uma "Igreja em saída", que busca a ovelha e se interessa por aquelas que vivem à margem da sociedade; um termo que ele mesmo gosta de repetir, ao falar da missionariedade em nossos tempos. Precisamos ir aos que se encontram nas periferias geográficas e existenciais, rompendo com uma atitude de autopreservação.

"Temos de ser servidores da comunhão e da cultura do encontro. Quero vocês quase obsessivos nesse aspecto! E fazê-lo sem serem presunçosos, sem impor 'nossas verdades', mas guiados pela certeza humilde e feliz de quem foi encontrado, alcançado e transformado pela verdade que é Cristo, e não pode deixar de anunciá-la[1]".

---

[1] Cf. Exortação Apostólica *Evangellii Gaudium*.

Edwiges sempre teve um olhar social apurado. Em seu íntimo, condoía-se dos mais carentes. Não se sabe onde aprendera a ser caridosa. Talvez, aprendera no mosteiro. Para lá, sempre se dirigem os necessitados em busca de uma esmola. O mosteiro sempre foi considerado uma casa de refúgio dos pobres, peregrinos, migrantes e de outros tipos de pobres em busca do abrigo.

Sabe-se que, no mosteiro, como casada, e fora dele, sempre se voltou ao interesse pelos pobres. Tinha, sempre, um coração dilatado em favor das crianças abandonadas e das mães que perdiam seus esposos por ocasião das guerras ou, mesmo, daqueles que passavam fome, provocada pelos cataclismos da peste, ou da seca, ou das borrascas de neve.

Sua formação religiosa, em sua família, certamente, influenciou bastante sua formação cristã e seu interesse em auxiliar os mais pobres. Seus pais eram religiosos e cristãos comprometidos em acudir aqueles que os procuravam. Quando criança, viu essa dedicação.

Em meio à crise financeira, nada melhor do que recorrer a santa padroeira dos endividados. "Santa Edwiges é conhecida como padroeira dos pobres e endividados porque em toda a sua vida, seja como esposa, mãe e duquesa ou como religiosa, ela se dedicou a dar atenção aos mais pobres e aos encarcerados. Como duquesa, ela intercedia junto ao marido para perdoar as dívidas daqueles que não podiam pagá-las", afirma o padre Paulo Siebeneichler, do *Santuário de Santa Edwiges*, em São Paulo.

São, por meio desses momentos desumanos, que os pobres não encontram nenhuma mão amiga para os levantar da situação. Edwiges era a mãe amorosa a cuidar dos filhos sem desejar ou querer algo em troca. Não era uma mãe que cobrava a atenção dos filhos nem eles a cobravam pelo aparente descuido. Certamente, tinham uma ama que fazia as vezes de mãe cuidadora, enquanto ela se ausentava para procurar os pobres e cuidar deles.

Santa Edwiges é a santa da caridade. "A caridade", diz Dom Gil Antônio Moreira, bispo de Juiz de Fora – MG, "deve ser praticada a todos, porém se expressa de forma mais concreta com os mais vulneráveis, seja pela pobreza, seja pelo sofrimento, seja pela fraqueza ou por qualquer outra situação degradante. São Mateus, traduzindo o discurso de Jesus sobre o juízo final, demonstra que o ser humano, ao fim de sua carreira terrestre, será examinado sobre a prática da caridade que se expressa concretamente nas obras de misericórdia: 'Tive fome e me destes de comer, tive sede e me destes de beber, era migrante e me acolhestes, estava nu e me vestistes, doente e cuidastes de mim, na prisão e fostes me visitar'" (Mt 25,34-37).

Terminemos este capítulo com essa reflexão sobre um pouco de sua história.

Um episódio marcante ocorreu em um dia quando, ao voltar para o castelo, viu um homem sendo arrastado por alguns servos; ela indagou a razão de tal fato. Explicaram que aquele homem não havia pagado os impostos e seria levado para a prisão. O sujeito implorou que não o prendessem prometendo que os pagaria tão logo pudesse. Entretanto a disposição do administrador era de não fazer concessões e prendê-lo. Diante desse quadro, Edwiges ordenou que o libertassem, pois pagaria a dívida.

Edwiges dedicava-se aos necessitados cada vez mais. Quando houve o surto de uma peste em sua região, improvisou um local onde acolheu os doentes e os tratou com carinho e amor. Henrique I construiu o Hospital da Santa Cruz em Breslau e Edwiges, um hospital para leprosos em Neumarkt, onde assistiram, pessoalmente, aqueles que sofriam dessa doença.

Posteriormente, construiu um hospital para atender os pobres doentes. Os conventos e castelos, na antiguidade, tinham uma espécie de enfermaria, à parte, para cuidar dos indigentes, pobres e doentes que procuravam um socorro.

A santa também costumava ir à Igreja descalça na neve, mas levava os sapatos na mão para colocá-los, imediatamente, se encontrasse alguém.

Esse foi o mote de Edwiges, que em tudo praticava a caridade. Viveu uma vida penitencial em favor da salvação e da busca pela santidade em vida; esse foi seu binômio de vida: mortificação e salvação.

7. QUANDO OS POBRES NÃO TÊM A QUEM RECORRER

A Igreja, em sua doutrina social, tem uma palavra nesse sentido:

"Transformar a realidade social com a força do Evangelho, testemunhado por mulheres e homens fiéis a Jesus Cristo, sempre foi um desafio e, no início do terceiro milênio da era cristã, ainda o é. O anúncio de Jesus Cristo, 'boa nova' de salvação, de amor, de justiça e de paz, não é facilmente acolhido no mundo de hoje, ainda devastado por guerras, miséria e injustiças; por isso o homem de nosso tempo, mais do que nunca, necessita do Evangelho: da fé que salva, da esperança que ilumina, da caridade que ama"[2].

A quem os pobres podem recorrer?[3]

---

[2] DSI, Card. Martino, *Apresentação*.

[3] "A última análise da estatística da *Agência Fides*, do Vaticano, de outubro de 2012, apresenta milhares de hospitais e escolas mantidos pela Igreja, assim como iniciativas próximas, como a Campanha Mundial da Educação, ou o Projeto Ágata Esmeralda, realizado com a parceria Milão-Salvador. Entre as instituições administradas pela Igreja em todo o mundo estão: 70.544 escolas maternais, frequentadas por 6.478.627 alunos. 547 leprosários, distribuídos principalmente na Ásia (285) e África (198). 17.223 casas para idosos, doentes crônicos e portadores de deficiência, em maioria na Europa (8.021) e América (5.650). 9.882 orfanatos, um terço dos quais está na Ásia (3.606). 43.591 institutos secundários, com 17.793.559 alunos. 92.847 escolas fundamentais, com 31.151.170 alunos. 5.305 hospitais, com maior presença na América (1.694) e África (1.150). 18.179 postos de saúde, em maioria na América (5.762), África (5.312) e Ásia (3.884). Leia mais em: *https://www.gazetadopovo.com.br*/mundo/acao-social-uma-prioridade-do-papa-2nul7buat2eadsn4vguj3mv3h/Copyright © 2019, *Gazeta do Povo*. Todos os direitos reservados.

Na sociedade organizada, poderiam procurar o ministério público, os políticos, a assistência social da Prefeitura, os centros sociais das Igrejas e Instituições ou outras instâncias, como as ONGS, e diferentes espaços filantrópicos. A sociedade está cheia desses espaços "caritativos".

Esse seria o melhor e aconselhável caminho. Acontece que esses recintos se encontram atolados, pois há muita procura, burocracia e a inexistência de orçamento para atender a população mais vulnerável.

Os idosos e os pobres, sobretudo nesses últimos anos, têm recorrido, maciçamente, ao serviço nacional de saúde. Quantos problemas surgem dessa ocorrência. A falta de dinheiro é um transtorno na vida de qualquer família. Como se lê em algumas reportagens: "O agravamento da pobreza no Iraque nos últimos anos está levando muitas famílias a apelar para a venda de órgãos".

Mostrando um coração bondoso e privilegiado para sua época, quando a pompa, o luxo desmedido e a riqueza eram o que interessava entre os nobres, Edwiges se vestiu com simplicidade para dividir seus bens com os necessitados. Preocupada com as viúvas de guerra e seus órfãos, passou a construir com seus recursos próprios: hospitais, escolas de ofícios, igrejas, conventos e mosteiros para abrigá-los, levando seu marido a fazer o mesmo.

Os governos, para ludibriar a situação social do Brasil, apelam para os vários programas de governo, como "bolsa família", "minha casa, minha vida" entre outros. Cada governo vai inventando seus programas que, no fundo, não resolvem o problema estrutural do povo, apenas atiça o desejo de solução; faltando, com isso, uma ação mais proativa e transformadora.

Em tempos de eleição, eles aumentam o dispositivo orçamental para contribuir com os pobres e miseráveis da nação. Os candidatos concorrentes se tornam trigueiros e afáveis no atendimento a todos que os procuram. Fazem coligações e juntam os "trapos" para compor as alianças entre os partidos.

O povo está acostumado a receber muita coisa de favor. Antigamente, quando chovia, o povo logo corria para plantar seu feijão, seu milho, sua macaxeira, porque sabia que ia colher, alguns meses depois. E, agora, há pessoas que já não querem mais isso, porque ficam esperando o "vale-isso", o "vale-aquilo", que são instrumentos e acessos que o Governo (os políticos) criou para dar às pessoas de forma a retirar vantagens posteriores.

Achamos que isso não contribui com as reformas estruturais que o Brasil precisa ter para que as pessoas possam viver condignamente, à custa de seu trabalho.

Diante desses desencontros sociais, onde os pobres irão buscar socorro? As portas se encontram fechadas ou abertas em algumas épocas do ano ou em ocasiões em que os governos poderão tirar proveito da miséria alheia, como é o caso da seca, da estiagem ou outras situações cíclicas no Brasil.

Vemos a ação social de algumas entidades filantrópicas que colaboram com esses momentos de infortúnios. Caso típico são os espíritas, os evangélicos e outras denominações religiosas que se adiantam nessa lide social.

A caridade é muito importante para melhorar a vida de pessoas que passam por problemas graves por falta de assistência. Mas, para fazer desse bom sentimento uma ação realmente transformadora, o melhor caminho é desenvolver projetos sociais e realizar uma ação assistencial/social na igreja que vá ao encontro desses propósitos.

A maioria das ações sociais é de emergência/situação crítica e de pouca eficiência transformadora ou promotora de dias melhores para o povo. Esse é um aspecto de emergência, mas a situação continua calamitosa. Alguns se contentam com isso!

O povo tem senso de solidariedade. Vimos diversas atitude de pessoas e grupos por ocasião da pandemia que assolou o mundo no ano de 2020. Cada um desejava fazer sua parte e contribuir com gestos solidários.

Certamente, o mais difícil seria a criação de projetos sociais que educassem o povo para algumas profissões. Isso demandaria tempo e grande investimento financeiro que onerasse, ainda mais, as instituições caritativas. Mas alguém deveria começar!

Vemos, hoje, a grande crise com as imigrações/migrações de povos fugindo da guerra, da fome, do terremoto, dos tsunamis, da situação política, pandemia do coronavírus e de outras coisas. Como dar guarida a esses estrangeiros (venezuelanos, haitianos e outros)? No Brasil, existem algumas Congregações religiosas dedicadas a esse atendimento social (cf. Os Escalabrianos ou Carlistas no atendimento aos migrantes de vários países).

A Igreja Católica tem se distinguido com sua ação social. A cada ano se promove a Campanha da Fraternidade com um caráter, eminentemente, social tendo em vista algumas situações de padecimento. A Conferência dos Bispos mantém a ação por meio da *Caritas Nacional* e de outros organismos.

Devemos reconhecer que, apesar de sermos cheios do Espírito e amarmos ao Senhor, não significa que alguns de nós não possamos passar por momentos difíceis. Jesus disse em João 16,33: "No mundo, passais por aflições; mas tende bom ânimo; eu venci o mundo". A palavra aflição nesse versículo, no grego é: *thlipsis*, que tem o sentido de: *ato de prensar, pressão, aflição, tribulação, angústia, dilemas.*

Um exemplo de cristão autêntico que passou por algumas aflições foi o apóstolo Paulo; ele disse que aprendeu a passar por pressões. Observe o que Paulo falou aos Filipenses: "... de tudo e em todas as circunstâncias já tenho experimentado, tanto de fartura, como de fome; assim de abundância como de escassez. Tudo posso naquele que me fortalece" (Fl 4,12-13).

Santa Edwiges viveu, em plenitude, a advertência de Paulo: "Tenho-vos mostrado em tudo que, trabalhando assim, é preciso socorrer os necessitados e recordar as palavras do próprio Senhor Jesus: mais bem-aventurado é dar que receber" (At 20,35).

No Brasil, encontramos inúmeros espaços de transformação social provocados por religiosos. Caso típico é o de Santa Dulce dos Pobres (canonizada no dia 13.10.2019), com sua instituição de caridade em favor dos pobres da Bahia. Ali encontramos a força do Evangelho em gestos de transformação e modelo de ação social.

Jesus não deixou um roteiro de instruções sobre como lidar com essa situação. Apenas disse: "pobre sempre tereis entre vós" (cf. Jo 12,8; referindo-se à preocupação, aparente, de Judas com os pobres), enquanto perdurarem as injustiças sociais entre os povos e as nações. Sejamos solidários com os pobres, pois a solidariedade salvará o mundo[1]!

Quando os pobres não têm a instituição do Estado como socorro, seguramente, procurarão a assistência da Igreja. Em quase todas as paróquias do Brasil, existe um centro social de atendimento de emergência. É certo que não chegamos a solucionar o problema daqueles que nos procuram, mas damos o conforto inicial.

Concluímos que somos impelidos pela concepção cristã de caridade; grupos de voluntários católicos praticam uma assistência baseada na ideia do amor fraterno às famílias carentes, aos mendigos, doentes, às crianças abandonadas, aos deficientes físicos e mentais; assistência essa que não visa aos interesses pessoais ou às recompensas materiais.

Para exercê-la, segundo essa concepção, o critério exigido é a vontade de servir o próximo, por ser um dever cristão para com os desfavorecidos, demonstrando, assim, um espírito nobre.

"A caridade cristã a todos se estende sem distinção de raça, de condição social ou de religião. Ela não espera vantagem alguma nem gratidão. Foi com amor gratuito que Deus nos amou. Assim também os fiéis por

---

[1] Diante dessa palavra de Jesus, muitos se contentam em nada fazer pelos pobres. Os evangelhos de Marcos (14,3-9), de Mateus (26,6-13) e de João (12,1-8) falam de uma mulher que ungiu os pés de Jesus com um perfume caríssimo. Respondendo à crítica dos discípulos ou de Judas, que afirmava que o valor daquele perfume poderia ser dado aos pobres, Jesus disse: "Pobres sempre tereis convosco!" Por isso muitos acham que o cristão não deve se preocupar com situação de pobreza e miséria no mundo. É isso mesmo? Enfim, a advertência do Apóstolo: "Tenho-vos mostrado em tudo que, trabalhando assim, é preciso socorrer os necessitados e recordar as palavras do próprio Senhor Jesus: mais bem-aventurado é dar que receber" (At 20,35).

sua caridade se mostrem solícitos por todos os homens, amando-os naquele mesmo afeto que levou Deus a procurar o homem."

"À imitação de Cristo que percorria todas as cidades e aldeias, curando toda doença e enfermidade em sinal da vinda do Reino de Deus (cf. Mt 9,35ss; At 10,38), a Igreja, por seus filhos, liga-se aos homens de qualquer condição e, particularmente, aos pobres e aflitos, dedicando-se a eles prazerosamente."[2]

---

[2] Cf. 2Cor 12,15. In: *Decreto sobre a Atividade Missionária da Igreja* 1966, 19.

8. O DIA MUNDIAL DOS POBRES

Amolado com o crescimento dos pobres no mundo, o papa Francisco instituiu o "Dia Mundial dos Pobres" no XXXIIIº domingo do Tempo Comum do mês de novembro (o primeiro dia dos pobres foi no ano de 2017). Um convite a toda a Igreja para se lembrar, de modo enfático, e mais denso, dessa realidade social que deve nos tocar a todos[3].

Depois da pandemia, surgiu, de forma irrecusável, a questão social. Não há como a igreja levar a caminhada pastoral com pouca atenção aos pobres. Na maioria das paróquias, existe um abundante investimento nos movimentos e pouca atenção aos pobres. O centro das preocupações e orientações pastorais do papa Francisco é o cuidado e o compromisso com os pobres, oprimidos e fracos deste mundo, expressos nos termos de "uma Igreja pobre para os pobres". Essa é uma marca fundamental da Igreja de Jesus Cristo.

No primeiro Dia Mundial dos Pobres (2017), Francisco lembrou aos cristãos: "Quando um pobre invoca o

---

[3] Papa Francisco, mensagem do Santo Padre Francisco para o 1º *Dia Mundial dos Pobres*, XXXIIIº domingo do Tempo Comum (19 de novembro de 2017) e, segunda mensagem (2018), *in* L'Osservatore Romano, Ano XLIX, número 25 (2.521), quinta-feira, 21 de junho de 2018, p. 7.8-9. Cf. *www.vatican.va*

Senhor, ele atende-o" (Sl 34/33,7). A Igreja compreendeu, desde sempre, a importância de tal invocação. Possuímos um grande testemunho já nas primeiras páginas dos Atos dos Apóstolos, quando Pedro pede para se escolher sete homens "cheios do Espírito e de sabedoria" (6,3), que assumam o serviço de assistência aos pobres. Este é, sem dúvida, um dos primeiros sinais com que a comunidade cristã se apresentou no palco do mundo: o serviço aos mais pobres. Tudo isso foi possível, por ela ter compreendido que a vida dos discípulos de Jesus se devia exprimir em uma fraternidade e em uma solidariedade, tais que correspondesse ao ensinamento principal do Mestre que tinha proclamado os pobres bem-aventurados e herdeiros do Reino dos céus (cf. Mt 5,3) [cf. n. 2].

Nessa primeira mensagem, o papa Francisco lembrou alguns pontos para a reflexão e ação dos católicos. Dentre eles:

– "Vendiam terras e outros bens e distribuíam o dinheiro por todos, de acordo com as necessidades de cada um" (At 2,45). Essa frase mostra, com clareza, como estava viva nos primeiros cristãos tal preocupação.

– O chamado de Tiago à reflexão (cf. Tg 2,5-6.14-17).

– Destacou o exemplo de Francisco. "Não se contentou com abraçar e dar esmola aos leprosos, mas decidiu ir a Gúbio para estar com eles" (n. 3b).

– "... a pobreza é o metro que permite avaliar o uso correto dos bens materiais e também viver de modo não egoísta nem possessivo os laços e os afetos (cf. *CIC*, n. 25-45) (n. 4).

– "A pobreza tem o rosto de mulheres, homens e crianças explorados para vis interesses, espezinhados pelas lógicas perversas do poder e do dinheiro" (n. 5) etc.

Em sua segunda mensagem, para o ano de 2018, lembrou os pobres com o título: "Não podemos ficar indiferentes ao grito dos pobres". Teceu uma longa consideração enfocando pontos da teologia e exaurindo das Escrituras aquelas passagens mais contundentes com um convite a colaborar com a erradicação da pobreza.

Parte da reflexão sobre o v. 7 do Salmo 34, toma dele três verbos: gritar, responder e libertar. Encontra-se, aqui, a síntese por um chamado à reflexão. Este é o grito dos pobres, lembrou Francisco. "A pobreza não é procurada, mas é criada pelo egoísmo, pela soberba, pela avidez e pela injustiça" (n. 4).

Dizia ele: "Ninguém pode sentir-se excluído pelo amor do Pai, especialmente, em um mundo que frequentemente eleva a riqueza ao primeiro objetivo e que faz as pessoas se fecharem em si mesmas" (n. 1c).

O Papa lembrou o cego Bartimeu que clamou por Jesus (cf. Mc 10,46-52). São tantas as vozes clamando à sociedade a misericórdia de um pedaço de pão, de dignidade, de trabalho, de esperança e por dias melhores. Quantos pobres vivem à beira da estrada e clamam por dignidade, por melhores condições de vida. Infelizmente, ouvem-se mais vozes e repressão para se calar e emudecer seu clamor.

Na terceira mensagem (17 de novembro de 2019), enfatizou e elencou muitas formas de novas escravidões a que estão submetidos milhões de homens, mulheres, jovens e crianças. Pauta sua mensagem no Salmo 9,19: "A esperança dos pobres jamais se frustrará".

Unimo-nos ao convite do Papa na lembrança de Santa Edwiges. Ela foi sempre solícita aos pobres; tinha uma predileção especial por aqueles que precisavam de um recurso financeiro para suavizar seu fardo pesado.

Na maioria das vezes, contentamo-nos com as palavras de consolo e de exortação a respeito da paciência e das coisas semelhantes diante do sofrimento humano. As pessoas não desejam apenas uma palavra amiga, mas também um gesto de cooperação e de solidariedade. Por vezes, estão com fome, mas não de conselhos: é um receituário médico, é uma conta de luz atrasada, é uma cesta básica, é um remédio para se comprar, é uma cirurgia e assim por diante...

As dores e as pobrezas são inúmeras! Quase impossível avaliar de uma só vez. Aparecem situações inúmeras e diversas. No Brasil, temos várias iniciativas que são pontuais. Apenas lembrando: o Setembro Amarelo lembra a necessidade de se falar sobre o suicídio, superando preconceitos; o Outubro Rosa, lembra as questões de câncer de mama; e o Novembro Azul lembra aos homens a necessidade de se prevenir contra o câncer de próstata e de vencer os preconceitos, por vezes, machistas instalados em muitas mentes masculinas. Podemos acenar para outras campanhas de prevenção espalhadas durante o ano todo: a campanha antirrábica, as diversas vacinações em crianças com idade para a imunidade, a campanha contra a dengue e derivado, a insistente vacinação contra a gripe, e outras prevenções. Existe, ainda, de forma persistente, a questão da hanseníase e as campanhas de conscientização sobre a doença. De forma geral, a transmissão ocorre pelas vias aéreas superiores (*tosse ou espirro*). A doença é transmitida de pessoa para pessoa.

Na quarta mensagem do santo padre Francisco para o Dia Mundial dos Pobres (15 de novembro de 2020), foi tratado o tema: "Estende a tua mão ao pobre" (Sir 7,32). "Quantas mãos estendidas se veem todos os dias!" O Papa recorda a pandemia: "Esta pandemia chegou de improviso e apanhou-nos improvisados, deixando uma grande sensação de desorientação e impotência".

No período da pandemia (ano de 2020), que assolou o mundo inteiro, apareceram "normas" higiênicas que foram, praticamente, banidas de nosso meio e que retornaram com força total. O uso da máscara, do álcool em gel e a lavagem constante das mãos passaram a ser as coisas elementares e aconselhadas. É claro que havia a recomendação de se ficar em casa e de sair apenas por grande necessidade.

Segundo Arlene, o direcionamento dos anúncios ignora os jovens da periferia; "Todos os anúncios mostram jovens saudáveis, com profissões, lazeres, práticas esportivas, objetivos de vida e cenários que representam uma camada social privilegiada, ora, se o objetivo da campanha é coibir o uso de drogas, isso é uma contradição, pois o problema é muito mais acentuado entre os jovens pobres", afirma Arlene Lopes de Santana[1].

A *Revista Ultimato* fez uma boa leitura da situação de pobreza narrando as seguintes cenas:

"Você está tomando um café gostoso em uma confeitaria aprazível. Nem vê entrar a menina de pés des-

---

[1] Santana, Arlene Lopes de. Dissertação de mestrado, PUC Curitiba, 2002.

calços e olhos tristes. Ela bate de leve em seu ombro e estende a mão. Encabulado, você disfarça. 'Como é que deixaram entrar aqui', pensa, sorrindo amarelo. Você não sabe o que fazer. Rápido, põe um trocado na mão da garota, desejando muito que ela vá logo embora, em busca de outro ombro...

Entrementes, vários outros ombros são tocados; umas poucas moedas tilintam na mão da menina, e você volta a mergulhar em seu mundo, ainda que o café já não tenha o mesmo sabor. Jesus sabia que a coisa seria assim – você e eu pensamos – e foi por isso que ele disse: 'Os pobres sempre os tendes convosco'" (Mc 14,7).

Poucas palavras bíblicas têm sido tão mal evocadas e com tanta frequência. Diante da realidade da pobreza avassaladora que nos cerca, acabamos justificando o quadro e nossa própria indiferença[2].

Santa Edwiges viveu a plenitude da experiência com os pobres de seu ducado. Foi uma alma generosa que aprendeu a dispor aquilo que era dela aos mais necessitados. Era uma alma generosa a olhar por seus súditos com misericórdia e compaixão. Não era, apenas, uma mulher que orava; era alguém que sentia compaixão pelo sofrimento do próximo.

Um dos textos mais belos e profundos de como isso deveria e poderia acontecer é o da experiência da igreja primitiva, quando uma comunidade emergente praticava o suprimento das necessidades básicas da vida e onde as meninas tinham chinelos para calçar (At 2,42-47). Assim, ela orava, comia e cantava junto como Deus gosta.

---

[2] Cf. *Revista Ultimato*, julho/agosto de 2007, n. 307. Valdir Steuernagel.

Que aprendamos de Edwiges a generosidade. Hoje, ninguém pode ficar indiferente à dor humana. As situações são inúmeras, e, de diversos modos, podemos ser proativos com o próximo. Está em alta o apelo de Jesus à generosidade e ao amor ao próximo.

Na parábola do bom samaritano (cf. Lc 10,25-37), podemos observar que ele se esqueceu de si mesmo para ajudar o homem ferido. Tudo ficou para trás: a viagem, os negócios, o perigo de assaltantes, só para ajudar aquele homem ferido. Jesus também fez o mesmo por nós. Ele deixou o céu e veio à terra para salvar o que estava perdido, doente e ferido.

Edwiges tinha inúmeros problemas pessoais e familiares para resolver (*poderíamos pensar assim*). No entanto, eles ficavam em segundo plano. Sabia da providência divina e de sua missão como promotora de um novo tempo em que fora tocada pela graça; entendera, também, como fora importante a educação dos filhos e que não deveria se preocupar com eles.

Não seria interessante apenas pedir coisas a Santa Edwiges, sem se tornar um seguidor e imitador de suas virtudes. Ela esteve onde as pessoas necessitavam de sua presença e ofereceu seus préstimos. Repartiu seus bens em função de um bem maior: a construção do Reino. Todos têm um pouco para ofertar; o desejo de servir é outra conversa!

9. SIGNIFICADO E SIMBOLISMO DA IMAGEM DE SANTA EDWIGES

Vamos observar alguns detalhes de sua vestimenta. Vamos olhar e arriscar entender como se inspiraram aqueles que ousaram vestir Santa Edwiges para apresentá-la da forma atual como a conhecemos. O artista, o desenhista, o escultor, enfim, teve uma inspiração ao propor sua figura, certamente, motivado por alguma descrição atribulada à duquesa.

Com certeza, alguém a desenhou mentalmente; imaginaram vestimentas bem diferentes de sua realidade. Em seu tempo não havia a técnica da fotografia, e as imagens eram desenhadas ou pintadas pelos artistas que se dedicavam a essa arte de criação.

Os escultores, em todos os tempos, tiveram um grande papel nesse processo de perpetuar as figuras de pessoas de então. Sem eles ficaríamos, apenas, com a vaga ideia daquilo que representaram. Na maioria das vezes, as pessoas eram imaginadas, pintadas e descritas por meio de um traço pessoal motivado por informações colhidas de devotos ou de pessoas que conviveram com a Santa.

Os santos e as pessoas importantes eram descritos por meio de histórias, e as pessoas iam imaginando e formando sua imagem mental. É certo, também, que apareciam alguns exageros na representação e na "imagem" mental e descritiva das pessoas!

A história de Santa Edwiges é uma das mais belas! E ela foi canonizada apenas 24 anos após sua morte.

Abaixo, vamos analisar a sua estética para conhecermos os significados e os emblemas de sua imagem. O devocional se utiliza desse recurso para provocar o devoto. Vamos observar quatro recursos descritos.

a) O hábito religioso

Santa Edwiges é sempre representada vestindo um hábito na cor marrom, pois, após ficar viúva e terminar de criar seus filhos, entrou para um Mosteiro em Trebnitz, Polônia, vivendo uma vida dedicada apenas a Deus, à oração, à penitência e à caridade alheia. A cor marrom, além de ser sóbria, é mais fácil de lavar e de se sujar. Em geral, os monges se vestem nas cores marrom ou preta; bem poucos, vestem branco ou azul.

O hábito é uma vestimenta simples, recatada e humilde. Possui apenas duas costuras laterais, alguns bolsos e um cíngulo que prende a veste à cintura. Especialmente, suas cores são sóbrias e definem certo tom de seriedade e comedimento. O hábito reproduz renúncia, modéstia e pobreza. Nele não aparece a elegância das finas damas da Idade Média, que se vestiam com esplendor e brocados. Certamente, Edwiges outrora se vestira assim.

As vestimentas na Idade Média eram feitas em casa, nos teares domésticos. As famílias criavam ovelhas e cultivavam o linho. Mas, com o crescimento das cidades, surgiram lojas especializadas dirigidas por tecelões, alfaiates e outros artesãos, que confeccionavam roupa. Estes formavam corporações chamadas guildas. "As mulheres, igualmente importantes, envergavam vestidos compridos e justos no busto com vários adornos na zona das mangas e do decote. As mais pobres usavam os vestidos, geralmente, de uma só cor com poucos ou mesmo sem enfeites. Usavam tranças compridas e lenços finos ou redes para cobrir a cabeça" (Amanda Guimarães).

O hábito distinguia as irmãs do convento. Assim eram identificadas no serviço à caridade cristã. Em geral, uma irmã tem, apenas, dois hábitos, que são acompanhados de um avental para auxiliar na catação de gêneros para a cozinha ou transportar algumas esmolas aos pobres. Em alguns escritos, alega-se que Santa Edwiges não usava o hábito em virtude de seu trabalho fora do mosteiro. Inclusive, ela não era uma monja na acepção da palavra, pois se negou aos votos religiosos (castidade, pobreza e obediência). Pelo sim ou pelo não, a iconografia sempre a representou vestindo um hábito, como era o costume das religiosas.

b) A coroa na mão de Santa Edwiges

Em algumas imagens, Santa Edwiges está segurando uma coroa, que possui três significados. O primeiro mostra sua origem nobre, pois veio de uma família muito rica e influente. É preciso lembrar que, apesar disso, nunca quis se diferenciar dos pobres e necessitados e que foi para eles como um "anjo protetor". Com certeza, Edwiges nunca usou a coroa, oxalá em algumas festas (*quem sabe!*). O segundo é que foi esposa de um príncipe e, como princesa, devia usar a coroa nas festas. A coroa dava-lhe o ar de aristocracia, que não lhe tirou a humildade como pessoa e cristã. A coroa na mão de Santa Edwiges representa a fortuna e o dinheiro usados a serviço do Reino de Deus para o bem do próximo. É o símbolo da riqueza abençoada por Deus. Bem diferente, certamente, do glamour de uma dama da nobreza polonesa. O terceiro revela que a coroa também simboliza a vitória diante das dificuldades enfrentadas pela pessoa. Ela é o símbolo mais importante da realeza. Entre outros, denota poder, autoridade, liderança, legitimidade, imortalidade e humildade.

Encontramos outros símbolos curiosos sobre a coroa, cujo significado é muito similar ao do chifre dos animais e remete à ideia de elevação e iluminação. Tanto o chifre como a coroa estão elevados acima da cabeça e são distintivos de poder e luz. Alguns animais se distinguem pela envergadura de seus chifres, como os alces.

Pouquíssimas ou raríssimas imagens de Edwiges são apresentadas com a coroa em sua cabeça. Certamente, não faz sentido colocar a coroa onde nunca deveria estar. Ela é colocada em uma de suas mãos para simbolizar o serviço prestado aos mais humildes. De sua coroa emana a serventia como escrava do Senhor, que se desdobra no serviço mais humilde e serviçal.

Com sua riqueza material, coroa os pobres na mais humilde dignidade de filhos de Deus. Esse símbolo a fez reconhecida como a "rainha dos pobres" e desvalidos.

c) O livro na mão de Santa Edwiges

O livro, apresentado na mão de Santa Edwiges, representa a Bíblia e sua formação religiosa e a que proporcionou a seus filhos. Tanto a coroa quanto a Igreja em sua mão direita, em cima do livro, significam que todos os seus trabalhos estavam fundados sobre sua fé e caridade e que vivia sempre de acordo com os mandamentos da lei de Deus.

Ela era leitora assídua da Palavra de Deus. Aprendeu com as monjas a oração das "laudes" e as demais orações monásticas. Depois, na vida prática, como esposa e mãe, dedicava-se à leitura da Palavra, ao marido e aos filhos, que cresceram nessa observância.

Santa Edwiges, portando a Bíblia, foi uma grande novidade. Ela se tornou uma das pouquíssimas santas a levar consigo esse emblema. A Bíblia não era um livro muito lido como hábito normal de um cristão católico daquela época. Havia algumas resistências a respeito de sua leitura. Ela retirou das escrituras toda a sua sabedoria e seu interesse pelos pobres.

A Bíblia que ela segura em suas mãos é um convite a seus devotos para serem admiradores da Palavra de Deus assim como ela o fora de forma exemplar. Aprendamos quatro passos para a leitura da Palavra:

1. A *leitura* da Bíblia. O primeiro passo é ler as Escrituras, para responder: que diz o texto? É a primeira compreensão para o leitor se inteirar do texto lido.

2. A *meditação* da Palavra. Nesse passo, deve-se procurar responder: que diz o Senhor neste texto? O leitor faz a leitura devagar e vai, mentalmente, pontuando alguns versículos.

3. A *oração* unida à leitura da Palavra. Para esse passo, é preciso responder: que dizer ao Senhor? A leitura deve provocar a reflexão, a meditação e, consequentemente, a oração.

4. A *contemplação* da Palavra. Agora é o momento de observar os efeitos dessa palavra sobre a sua vida e responder: que sinto em mim? Que experiência me é dada viver agora? A leitura deve levar o leitor a um momento de meditação.

Então, o que é que você está esperando? Inclua a leitura da Bíblia em seu dia a dia, reze com ela e descubra as maravilhas que Deus deseja lhe contar. Santa Edwiges assim procedia com a Palavra de Deus; era uma referência no diário de seu cotidiano.

d) A igreja na mão de Santa Edwiges

Em algumas imagens, Santa Edwiges é representada com a figura (maquete) de uma igreja em sua mão direita em vez da coroa. Essa representa os conventos que mandou construir na Polônia com o dinheiro recebido do dote de seu marido e os empregos que conseguiu a um grande número de trabalhadores. Para outros, representa sua fidelidade e obediência às normas e à doutrina da Igreja.

Em tudo, Edwiges nunca agiu sozinha. Sempre esteve presente o conselho de seus superiores. Seus diretores espirituais, seus confessores, seus conselheiros e bispos a orientavam nos momentos mais sutis de sua vida. Em toda a sua ação, como cristã, estava presente o pensamento da Igreja como norma e orientação segura. Santa Edwiges é uma santa da Igreja católica!

Enfim, ela, que tanto amou a Igreja aqui na terra, viveu sua doutrina, obedeceu a seus superiores e construiu um ducado em cima da proposta da doutrina bíblica da justiça. Praticou essa virtude e ensinou a seus súditos a obediência e a caridade, que não podem faltar em nenhum cristão.

Edwiges é um símbolo de obediência. Nunca agiu sozinha ou por conta própria. Sempre se aconselhou com diretores espirituais sábios para tomar suas decisões. Era uma mulher forte e obediente às ordens da Igreja. Nesse sentido, era uma duquesa completa, cristã e não se regalava de seu poder para pisar as pessoas de seu domínio. Todos a tinham com merecida reverência e cuidado.

A coroa, o livro, o hábito e a igreja são símbolos eloquentes em sua vida. Um, certamente, não dispensa o outro. Santa Edwiges soube unir esses valores como duquesa, como mulher da Palavra e como cristã comprometida. Foram qualidades, virtudes e valores que não faltaram em sua peregrinação como cristã atenta a seu tempo.

10. A ESPIRITUALIDADE DO DEVOTO DE SANTA EDWIGES: ORAÇÕES, NOVENA E LADAINHA

Não há como ser devoto de um santo sem ter um pequeno devocional para aquelas horas mais difíceis. Este é uma espécie de relicário de orações, preces e pensamentos sobre aquilo que o santo deixou para seus admiradores.

No caso de Santa Edwiges, não temos um "relicário" de orações deixadas por ela; não temos escritos redigidos por ela; não conhecemos o que poderia ter pensado de tantas coisas que aconteceram em sua vida. Apenas o livro do testemunho de vida. As orações surgiram com o passar dos séculos e do tempo.

Por sua conhecida história de vida, cercada de milagres e benfeitorias aos pobres, Santa Edwiges tornou-se a protetora dos endividados. Sendo assim, a bênção da santa é solicitada, e a oração poderosa direcionada a ela é milagrosa e infalível para pessoas que possuem muitas dívidas ou que enfrentam problemas para conseguir um emprego ou sair da pobreza. Com certeza, todos procuram um lugar de destaque na sociedade e na família.

Recorramos a um conselho pastoral para admirar a vida da Santa. Ela teve uma vida provada e, não, de facilidades. Na maioria das vezes, encaramos a vida dos santos como se nada de ruim houvesse acontecido com eles. Eles foram provados em diversas situações.

A vida parecia que não lhe sorria com muita facilidade. A cada dia que passava, uma batalha lhe aparecia para vencer. Como batalhadora incansável, vencia todas. Ela rezava não era para se ver livre das tribulações, mas sim para ter coragem de enfrentar os desafios diários de sua fé. Essa é a distinção dos santos. Na maioria das vezes, queremos nos livrar dos problemas e recorremos a Deus, em desespero. Os santos não fizeram assim. Eram obedientes e sorriam para a vida.

Santa Edwiges foi marcada com o sofrimento humano-familiar. Fez todo esforço e teve todo cuidado com a educação cristã dos filhos; mas suas histórias foram determinando momentos de dor e de muito sofrimento. Admiramos como ela resistiu àquelas "ausências de Deus" em sua vida. Seu coração, certamente, apertava a cada instante que contemplava as diversas situações de seus entes queridos. Era uma mãe das dores, por isso sua devoção à mãe de Jesus e ternura por ela.

Precisou ser forte para suportar os trancos da vida. Contudo não era uma mulher amarga e cheia de reclames, para que Deus viesse em seu auxílio; era uma santa em todos os momentos.

Admiramos seu silêncio. Em tudo sempre guardou o sagrado silêncio. Nada saía de sua boca em sinal de desconformidade com a vontade divina. Possuía o dom de saber reciclar, na atividade caritativa, suas dores e mazelas. Essa era uma de suas virtudes. Quando seu filho Henrique II foi morto na guerra e chegou o aviso a

Edwiges, ela se manteve serena de forma a impressionar aqueles que lhe trouxeram a notícia.

Ainda teve forças para orar e assim declarou: "Agradeço a ti, Senhor, teres sido tão bom para comigo e ter-me dado um filho que sempre me amou, respeitou-me e nem deu motivo de tristeza. Embora eu desejasse tê-lo vivo, sei que ele está unido ao Salvador e com ele eu me uno também. Humildemente recomendo a ti, Senhor, sua alma". Assim se continha aquela alma agradecida. Só a fé a podia fazer uma coluna insuperável e um tremendo testemunho de vida.

Assim diz a Palavra de Deus: "Não me ocultes o rosto no dia de minha angústia; inclina-me os ouvidos; no dia em que eu clamar, dá-te pressa em responder-me" (Sl 102,2). Edwiges nunca desconfiou da "ausência de Deus" em sua vida. Nunca lemos uma linha sequer em que ela reclamasse de Deus. Sabia que Ele estava em sua companhia diariamente. Era uma serva obediente e sábia. Sabia conjugar os valores do Reino e que poderia passar por momentos de provação.

Não se sabe, todavia, se, no recanto de seu leito, vertesse lágrimas. Muitas pessoas choram escondidas para não dar aquele ar de desfeita e se fazer forte. No caso de Edwiges, parece que havia poucos minutos de sono durante sua noite. Quando não estava em oração, cuidava dos pobres e fazia o serviço da casa.

Vivia sempre na presença de Deus. Dedicava muitas horas para a oração todos os dias. Era comum que se dirigisse à Igreja para orar durante a noite inteira. As religiosas do Mosteiro de Trzebnica ficavam curiosas para saber como Edwiges se comportava nas longas horas noturnas de oração e se escondiam para observá-la. Viram-na perante o altar orar horas e horas, de modo muito simples e sincero.

Conta-se que essas mesmas religiosas viram um prodígio acontecer com nossa Santa Edwiges, em certa noite. Um crucifixo, perante o qual Edwiges orava, deslocou seu braço e levou-o em direção a ela. Abençoou a Duquesa e dialogou com ela. Segundo os testemunhos, ele teria dito algo assim: "Tuas preces foram ouvidas. Receberás o que pediste".

Esse relato é frequentemente representado em quadros que retratam a Santa orando, perante o crucifixo. E, de um modo muito especial, na Igreja do Convento de Trzebnica, no próprio lugar do evento, há um quadro de estilo barroco representando o fato.

Há também uma placa em latim, em que se lê: *In hoc loco benedixit Christus ex cruce St. Hedwigem*, que traduzido quer dizer: "Neste lugar, o Cristo abençoou, da cruz, a Santa Edwiges"[1].

Aprendamos a admirar Santa Edwiges, com a mesma ternura que tivera ao tratar das situações mais inusitadas de sua vida. Em todas as ocasiões, soube esperar, e, esperando, Deus veio em seu socorro. Deus é infinitamente bom para aqueles que esperam por ele. "Nossa esperança está no Senhor; ele é nosso auxílio e nossa proteção. Nele se alegra nosso coração, pois confiamos em seu santo nome. Esteja sobre nós teu amor, Senhor, como está em ti nossa esperança" (Sl 33,20-22).

Conheça, a seguir, algumas orações poderosas para pagar suas dívidas e se inspirar em Santa Edwiges.

---

[1] Cf. *site do Santuário de Santa Edwiges*, em São Paulo.

Oração a Santa Edwiges, protetora dos endividados

Ó Santa Edwiges, vós que na terra fostes o amparo dos pobres, a ajuda dos desvalidos, o socorro dos endividados e, no céu, agora, desfrutais do eterno prêmio da caridade que em vida praticastes, suplicante vos peço que sejais minha advogada, para que eu obtenha de Deus o auxílio de que urgentemente preciso (*faça aqui seu pedido*).

Santa Edwiges, protetora dos endividados, aumentai minha confiança na providência divina, para que não falte o pão de cada dia e que, no final do mês, não falte o necessário, para que eu possa dar a meus familiares saúde, educação e dignidade na moradia.

Santa Edwiges intercedei por mim para que eu consiga o equilíbrio na vida financeira e o discernimento nos negócios. Ajudai-me a superar os problemas financeiros, que eu não me iluda com o dinheiro fácil, que eu não seja conivente com a corrupção, propina. Dai equilíbrio na vida financeira.

Alcançai-me também, Santa Edwiges, a suprema graça da salvação eterna.

Santa Edwiges, rogai por nós. Amém.

Oração para Santa Edwiges

Ó Santa Edwiges, vós que na terra fostes o amparo dos pobres, a ajuda dos desvalidos, o socorro dos endividados e, no céu, agora, desfrutais do eterno prêmio da caridade que em vida praticastes, suplicante vos peço que sejais minha advogada, para que eu obtenha de Deus o auxílio de que urgentemente necessito: (*faça aqui seu pedido*). Alcançai-me também a suprema graça da salvação eterna. Santa Edwiges, rogai por nós. Amém.

Prece poderosa a Santa Edwiges para problemas financeiros

Senhor, por vossa intercessora, a magnânima Santa Edwiges, agradeço-vos do fundo do meu coração a vida que tenho até aqui. Santa Edwiges, peço-te, com a certeza de que as bênçãos chegarão a minha vida, que me livres das dívidas e das preocupações. Livra quem entoa esta oração. Livra também quem lê esta oração. Livra quem escreve esta oração (*escreva três vezes esse parágrafo em um papel*).

Envia teu amor e tua sabedoria santa, para que eu possa ser um bom administrador de tudo o que tenho, de tudo o que eu possa ter, de tudo o que Deus vai me proporcionar e para que eu possa me livrar das tentações terrenas e não pecar mais. Agradeço-te, santa amada, generosa e poderosa, sabendo que minha fé nada é diante da imensidão de teu coração amoroso e prometendo perseverar em Deus Pai. Em nome de Jesus Cristo, filho dele, nosso salvador, rogo-te! Amém.

Para pedir a intercessão de Santa Edwiges

Em nome do Pai, do Filho e do Espírito Santo.

Senhor meu Deus, Todo-poderoso, Criador do céu e da terra, vós, que tudo regulais em justiça e misericórdia, aceitai a prece que humildemente vos dirijo por intermédio de Santa Edwiges, vossa serva, que tanto vos amou na terra e que usufrui da graça de contemplar vossa divina face.

Santa Edwiges, exemplo de fé cristã, espelho do amor divino, vinde em nosso auxílio. Santa Edwiges, fiel discípula de Cristo, humilde serva do Senhor, modelo de amor à cruz, vinde em nosso auxílio.

Santa Edwiges, bondosa mãe dos pobres, auxílio dos doentes, refúgio dos oprimidos, vinde em nosso auxílio. Santa Edwiges, modelo das mães cristãs, glória da Santa Igreja, vinde em nosso auxílio.

Santa Edwiges, por amor a Jesus, Maria e José, fazei vossas minhas aflições. Apressai-vos em socorrer-me. Amém.

Oremos:

Santa Edwiges, socorrei-nos em nossas necessidades. Por amor a Jesus crucificado, fazei vossas, minhas aflições e minhas angústias, apressai-vos em socorrer--me. Santa Edwiges, por vossa santa vida, por vossa santa morte, fazei vossas minhas aflições e minhas angústias, apressai-vos em socorrer-me. Amém.

Santa Edwiges, protetora dos endividados, rogai por nós.

Novena poderosa e simples

– Fazer o sinal da cruz.

– Rezar a oração para todos os dias durante nove dias.

– Rezar a oração final.

Oração inicial para todos os dias:

Ó Santa Edwiges, que neste mundo soubestes desprezar as honras da corte, suas pompas, seus luxos e prazeres, fostes, junto aos pobres, arrimo seguro nas penúrias e misérias da vida. Volva lá do céu um olhar benigno a nós, pobres mortais, e alcançai-nos a graça (*pedir a graça desejada*) e a de vivermos na paz e amizade de Deus. Amém.

V.: Rogai por nós, Santa Edwiges,

R.: para que sejamos dignos das promessas de Cristo.

– Rezar três Pai-nossos e três Ave-Marias.

– Colocar sua intenção e terminar com a oração seguinte:

Oração final para todos os dias:

Deus, que ensinastes à bem-aventurada Edwiges passar de todo o coração das pompas do século para o caminho de vossa cruz, concedei-nos, pelos seus méritos e exemplos, que aprendamos a calcar as delícias efêmeras do mundo e, abraçados a vossa cruz, vençamos as adversidades que nos sobrevierem. Vós, que viveis e reinais com Deus Pai, em unidade com o Espírito Santo, por todos os séculos. Amém.

Ladainha oficial de Santa Edwiges

A ladainha de Santa Edwiges poderá ser rezada depois da oração do terço ou em qualquer momento de oração, ou depois de algum pedido a Santa. Devemos entender que a "ladainha" é sempre uma forma de se louvar; é uma espécie de canto de admiração pela santidade de alguém ou por ocasião de um acontecimento extraordinário.

Reza-se de pé, sentado, deitado ou andando. Não existe uma forma de se expressar essa admiração por Santa Edwiges. O importante é estar em comunhão com a Santa e agradecer a Deus o dom de sua vida e sua ação benéfica em favor do povo. A ladainha é para exaltar sua figura como uma mulher de Deus, que viveu em plenitude seu projeto e nos deixou o exemplo a seguir.

Entende-se que, na ladainha, exaltam-se as pessoas da Santíssima Trindade por primeiro e, depois, vem a admiração pela Santa. Entendemos que o primeiro a ser exaltado é sempre Deus e, em seguida, as manifestações de santidade.

Cristo, ouvi-nos.

Cristo, atendei-nos.

Deus, Pai dos céus, tende piedade de nós.

Deus Filho Redentor do mundo, tende piedade de nós.

Deus Espírito Santo, tende piedade de nós.

Santíssima Trindade, que sois um só Deus, tende piedade de nós.

Santa Maria, Mãe de Deus, Rogai Por nós!

Santa Edwiges, **R**ogai **P**or **N**ós! – (= RPN)

Santa Edwiges, exemplo de vida cristã, RPN.

Santa Edwiges, fiel discípula do crucificado, RPN.

Santa Edwiges, particular serva da Mãe de Deus, RPN.

Santa Edwiges, nobre duquesa da Silésia e da Polônia, RPN.

Santa Edwiges, serafim inflamado no amor divino, RPN.

Santa Edwiges, modelo de coração confiante, RPN.

Santa Edwiges, abençoada por Cristo da cruz, RPN.

Santa Edwiges, transbordante de amor pela santa missa, RPN.

Santa Edwiges, diligente leitora da sagrada escritura, RPN.

Santa Edwiges, dedicada a santa vontade de Deus, RPN.

Santa Edwiges, purificada por provações e aflições, RPN.

Santa Edwiges, forte na tristeza e na opressão, RPN.

Santa Edwiges, sempre cheia de gratidão a Deus, RPN.

Santa Edwiges, penitente extrema, RPN.

Santa Edwiges, pobre de espírito entre o esplendor da riqueza, RPN.

Santa Edwiges, devotada a Deus na morte de vosso filho, RPN.

Santa Edwiges, pérola de castidade e obediência, RPN.

Santa Edwiges, espelho de esposa cristã, RPN.

Santa Edwiges, mãe e mestra piedosa de vossos filhos, RPN.

Santa Edwiges, luz e proteção dos noivos, RPN.

Santa Edwiges, protetora da família cristã, RPN.

Santa Edwiges, estrela de caridade, RPN.

Santa Edwiges, mãe e padroeira dos pobres, RPN.

Santa Edwiges, advogada dos humildes e simples, RPN.

Santa Edwiges, auxiliadora das viúvas e dos órfãos, RPN.

Santa Edwiges, serva dos doentes e leprosos, RPN.

Santa Edwiges, libertadora dos prisioneiros, RPN.

Santa Edwiges, socorro dos endividados, RPN.

Santa Edwiges, apóstola da paz entre os homens, RPN.
Santa Edwiges, glória da santa Igreja, RPN.
Santa Edwiges, agraciada com a morte celestial, RPN.
Santa Edwiges, glorificada com inúmeros milagres, RPN.
Santa Edwiges, proclamada no número dos eleitos, RPN.

Cordeiro de Deus, que tirais o pecado do mundo,
– perdoai-nos, Senhor!
Cordeiro de Deus, que tirais o pecado do mundo,
– ouvi-nos, Senhor!
Cordeiro de Deus, que tirais o pecado do mundo,
– tende piedade de nós!
Oremos: Deus, que nos presenteais tanto com a graça como com a glória, mostrai-nos a força de vossa bondade. Nós não temos, aqui, morada permanente, por isso buscamos a mansão futura. Concedei-nos alcançar as alturas celestiais, onde Santa Edwiges intercede por nós. Nós pedimos, por Jesus Cristo, nosso Senhor, que convosco vive e reina por todos os séculos. Amém.

CONCLUSÃO

Concluímos nosso livro, iniciando com uma oração de súplica a Santa Edwiges, implorando a ela sua proteção em nome do Senhor e retirando dela algumas lições:

Ó Santa Edwiges, vós que na terra fostes o amparo dos pobres, a ajuda dos desvalidos, o socorro dos endividados e agora no céu desfrutais do eterno prêmio da caridade que em vida praticastes, suplicante vos peço que sejais minha advogada, para que eu obtenha de Deus o auxílio de que urgentemente preciso... (*faça aqui seu pedido*).

Santa Edwiges, protetora dos endividados, aumentai minha confiança na providência divina para que não falte o pão de cada dia e, no final do mês, não falte o necessário, para que eu possa dar a meus familiares saúde, educação e dignidade na moradia.

Santa Edwiges, intercedei por mim para que eu consiga o equilíbrio na vida financeira e o discernimento nos negócios. Ajudai-me a superar os problemas financeiros, a não me iludir com o dinheiro fácil, a não ser conivente com a corrupção e propina. Dai equilíbrio em minha vida financeira.

Alcançai-me também, Santa Edwiges, a suprema graça da salvação eterna.

Santa Edwiges, rogai por nós. Amém.

Na oração, acima, evocam-se algumas ordenadas para a direção do devoto. O problema e o prático do devoto não é, somente, pedir e implorar a atenção a Santa Edwiges, é saber encaminhar, na vida, algumas diretrizes, como as invocadas na oração:

– uma súplica em semelhança aos endividados;

– advogada de defesa daqueles em dívidas;

– a necessidade de se confiar na providência divina;

–o equilíbrio na vida financeira;

– discernimento nos negócios;

– o não envolvimento em negócios sujos;

– o cuidado com a ilusão do dinheiro fácil.

A devoção a Santa Edwiges nos leva a um exercício social-caritativo para a semana.

Pense assim: "Nesta semana eu me comprometo fazer algumas obras de caridade: colaborar com a alimentação dos mendigos de minha cidade; visitar um doente de minha comunidade; dar atenção e procurar um amigo que faz tempo que não vejo etc.".

Santa Edwiges nos ensina que as obras de misericórdia são as ações caridosas, que ajudam o próximo, em suas necessidades corporais e espirituais. Instruir, aconselhar, consolar, confortar são obras de misericórdia espirituais, como perdoar e suportar com paciência.

As obras de misericórdia corporais consistem nomeadamente em dar de comer a quem tem fome, albergar quem não tem teto, vestir os nus, visitar os doentes e os presos, sepultar os mortos. Entre esses gestos, a esmola dada aos pobres é um dos principais testemunhos da caridade fraterna e também uma prática de justiça que agrada a Deus (cf. CIC, 2447).

O devoto poderá aproveitar esse quadro para anotar sua "boa ação da semana". Durante o mês de dezembro, muitas pessoas se sentem mais solidárias e disponibilizam um pouco de seu tempo para ajudar o próximo. Aprenda a começar o costume das boas ações de forma constante:

Segunda-feira: _____

_____

Terça-feira: _____

_____

Quarta-feira: _____

_____

Quinta-feira: _____

_____

Sexta-feira: _____

_____

Sábado: _____

_____

Domingo: _____

_____

É difícil concluir um livro. Sempre existe a sensação de que nunca está terminado e pronto. Um livro não chega ao fim. Ele é como a história humana, sempre há um insuficiente a mais pela frente. O livro termina quando eu começo a aprender a lição, ensaiar e praticar o que li.

Falamos um pouco sobre Santa Edwiges. Tivemos a modéstia em escrever ou ousar escrever algumas linhas relatando aspectos diversos de sua história. Cada Santo tem uma história difícil de se registrar com palavras e é mais difícil, ainda, construir seu cenário. Sua história vai muito além do que possamos imaginar. Estamos falando de uma vida.

Santa Edwiges foi uma santa de seu tempo. Sua leitura se fez necessária pelos séculos afora. Foi uma empreendedora e cheia de entusiasmo pelo Reino. Sua ação foi plena de satisfação cristã. Existe, nos dias de hoje, a necessidade de se pensar mais e melhor essa história de vida. Não foi, apenas, uma santa no sentido comum da palavra; foi uma intelectual programática e metódica.

Não agia por impulso ou, exclusivamente, motivada pela fé. Era orgânica em sua ação. Tinha objetivo naquilo que fazia. Convocava a família para participar de sua missão. Era uma missionária completa e cheia de luz. Não era, apenas, uma piedosa cristã de seu tempo. Era uma mulher completa e valente em todos os sentidos. Era forte a ponto de suportar as agruras de seu "destino", como mulher, mãe e duquesa.

Não era mulher de discurso ou de palavras de consolação, pois, diante do sofrimento psíquico, social, econômico ou outros, não adianta falar e discursar como fazem os políticos de então. Era a mulher proativa. Ia a campo em busca do necessitado. Mais que ser procurada, ela procurava a "ovelha perdida" (Jo 10).

Hoje pensamos em "Igreja em saída". Ela já o fazia há séculos. Não esperava as pessoas necessitadas irem a sua procura. Ela mesma se dispunha ajudar. Era uma alma compadecida, pois seu ducado era repleto de palácios, de pessoas pobres e despidas do necessário para sobreviver.

Esse era seu jeito de agir. Não tinha frio nem calor; as borrascas de neve não lhe tiravam o desejo de acudir os desvalidos. Todo instante era tempo de agir. Entendia, todavia, que "havia tempo para tudo" (Ecl 3). Sabia dosar oração e trabalho, por isso não se perdia nem se desanimava. Sabia estar diante do Santíssimo por horas a fio.

Sua história é permeada de dificuldades e de grandes momentos de encontro com os pobres e desvalidos pela sorte e de esperança para eles. Não encontramos muitos materiais para pesquisar sua história de vida. A maioria deles está repleto de alguns sentimentos ou curiosas repetições aleatórias. Essas informações, com certeza, não constroem a história de nenhum personagem do século da Idade Média.

Fomos reconstruindo aspectos de seu cenário; criamos cenas para motivar o leitor e, com isso, não desejamos apelar aos cômodos desejos de fazê-la amada por todos. Santa Edwiges não necessita disso. Sua vida é um livro de registros de uma mulher que superou seu tempo de forma a sublimar anseios e trazer à história uma vida de possibilidades, de caridade, de desejos de que todos possam viver felizes e realizados.

Achamos que ela viveu essa plenitude de desejo de construir um pedaço do mundo novo; acreditamos que tinha, no coração, o desejo de ser útil àqueles que mais precisavam de sua humanidade. Deus sempre dispõe, no tempo oportuno, de alguns homens e algumas mulheres imbuídos desses desejos de superação. Ela foi uma ponte, uma agulha que construía e bordava anseios por dias melhores. Sabia que não iria salvar o mundo, mas podia dar dignidade a seus súditos!

Santa Edwiges sintetiza desejos escondidos de todo peregrino em busca de uma palavra, de um conselho, de uma proteção divina. Com certeza, não é fácil viver a vida divina com sabedoria. Por vezes, caímos na indecisão e protelamos aqueles momentos de desencontros; adiamos, pois, o peso, maiormente, por ser demais.

Caminhamos por algumas ideias mostrando o valor de uma mulher em tempos difíceis e cheios de incertezas. Santa Edwiges é uma síntese de uma proposta bem estranha a seu tempo, mas necessária para os séculos posteriores. Ela deixou um legado para todos aqueles que se consideram impotentes diante das dificuldades da vida. Ela soube se regalar de suas carências; foi humana ao extremo de suas opções.

Deus a colocou no tempo certo. De tempo em tempo, ele vai suscitando homens e mulheres cheios de virtudes e de altruísmo para construir o Reino de Deus. São pessoas carismáticas que sabem olhar além do tempo e, aos olhos de Deus, tornaram-se instrumentos de reconciliação e de esperança.

Santa Edwiges é uma mulher da imitação. Trouxe para seus admiradores uma lição de vida digna. Ela não saiu de moda, como dizemos nos dias atuais. Seus longos séculos (1174-1243) não lhes tiraram a experiência virginal de uma duquesa modelo de virtudes.

Passaram-se mais de 750 anos de sua morte, mas ela mantém o mesmo vértice de uma autêntica cristã. Os séculos mudaram, mas as carências do povo continuam a se somarem em cada década. Foram inúmeras as almas que, no desespero, recorreram a sua proteção. Com carinho, ternura e graça, foi agraciada por um milagre, uma cura, uma bênção. Assim foi sua vida, aqui na terra, e continua, no céu, a exercer os mesmos comandos movidos pelo amor.

Somente uma alma terna como a dela podia fazer o que fez. Ela foi de uma vida provada. Embora a riqueza lhe pertencesse, não foi movida e dominada pelos bens materiais. Colocou-os a serviço dos mais necessitados; socorreu os desvalidos; levantou o ânimo dos que se encontravam caídos. Ela foi uma luz em meio a tanta escuridão em seu ducado. Olhou com misericórdia seus súditos, com complacência, e devolveu, a muitos, a esperança perdida.

Interpretamos sua vida de forma a se contemplar alguns aspectos de pastoral na opção pelos mais empobrecidos. Ela pode ser um referencial a todos aqueles que buscam uma distinção entre os escolhidos para assumirem um trabalho de destaque no Reino.

Estão, aqui, algumas linhas modestas sobre a história dessa mulher. Continuemos a venerá-la e divulgar sua devoção. Necessitamos dessa intercessão, no céu, para nos acudir, aqui na terra. Vimos, por ocasião da pandemia, o desespero das pessoas; e aqueles que tiveram fé se mantiveram mais aprumados e corajosos. Sejamos, um pouco, seus imitadores.

Santa Edwiges, rogai por nós e por todos aqueles que padecem de dívidas e mais dívidas e não encontram uma saída.

ÍNDICE

Introdução | 5

1. Sua vida e terra natal: Silésia | 11
   a. No mosteiro de Kitzingen | 17
   b. A virtude da temperança | 20
   c. Outros valores: abstinência,
      castidade e modéstia | 23
   d. A prévia atenção aos pobres | 28
   e. A duquesa pobre | 32
   f. A santa do silêncio | 34
   g. A duquesa do cuidado | 37
   h. A santa da empatia | 42
   i. A mulher de costumes austeros | 46
   j. A santa do paradoxo | 50
   k. A santa da serenidade | 54
   l. Os últimos dias e a morte de Santa Edwiges | 56

2. Sua devoção no Brasil | 63

3. Em busca da prosperidade financeira | 71
   Adendo: a saúde financeira | 78

4. A história da santa da bondade humana | 87

5. Uma vida de esposa, celibatária e viúva | 95

6. Santa Edwiges: a coroa dos pobres | 101

7. Quando os pobres não têm a quem recorrer | 107

8. O Dia Mundial dos Pobres | 115

9. Significado e simbolismo da imagem
de Santa Edwiges | 123
   a. O hábito religioso | 124
   b. A coroa na mão de Santa Edwiges | 125
   c. O livro na mão de Santa Edwiges | 127
   d. A igreja na mão de Santa Edwiges | 128

10. A espiritualidade do devoto de
Santa Edwiges: orações, novena e ladainha | 131

Conclusão | 143